Oct 5/22

DU JARDIN À LA TABLE

Sylvie Rivard et Manon R. Guérin

DU JARDIN À LA TABLE

75 recettes pour cuisiner vos récoltes

 **Broquet**

97-B, Montée des Bouleaux, Saint-Constant, Qc, Canada, J5A 1A9
Tél.: (450) 638-3338   Téléc.: (450) 638-4338
Internet: www.broquet.qc.ca
Courriel: info@broquet.qc.ca

Catalogage avant publication de Bibliothèque et Archives nationales
du Québec et Bibliothèque et Archives Canada

Rivard, Sylvie, 1964-

   Du jardin à la table

   Comprend un index.

   ISBN 978-2-89654-505-6

1. Potagers. 2. Cuisine (Légumes). 3. Cuisine (Fruits). 4. Livres de cuisine.
I. Guérin, Manon R., 1983- . II. Titre.

SB321.R58 2016   635'.04   C2015-942293-0

Nous reconnaissons l'aide financière du gouvernement du Canada. We acknowledge the financial support of the Government of Canada. Nous remercions également livres Canada books™, ainsi que le gouvernement du Québec : Programme de crédit d'impôt pour l'édition de livres – la Société de développement des entreprises culturelles (SODEC).

Canada Québec

Copyright © Ottawa 2016
Broquet inc.
Dépôt légal – Bibliothèque et Archives nationales du Québec
1e trimestre 2016

Photos sauf mention contraire ©**Manon R. Guérin**
Texture fond d'image © **styleuneed_dollarphotoclub**
Photos des auteures © **Pierre Guérin**
Photo de Manon R. Guérin **Nadia Girard (maquillage),**
                      Véronique Boily (coiffure)
Photo (couverture) : cerise de terre ©Dessie_ Dollarphotoclub ;
               bleuets ©Mates_ Dollarphotoclub

Éditeur **Antoine Broquet**
Directrice de production **Josée Fortin**
Directrice artistique **Brigit Levesque**
Infographie **Annabelle Gauthier, Nancy Lépine, Sandra Martel**
Révision **Diane Martin, Andrée Laprise**

ISBN 978-2-89654-505-6

Imprimé en Malaisie

Photo © MWiner_dollarphotoclub

SOMMAIRE

INTRODUCTION

Un livre rempli de ce que nous cultivons, de ce que nous cuisinons, photos teintées de couleurs estivales du fond de nos cours, ben voyons donc !

Un livre traitant de notre amour pour la culture, du besoin d'au moins essayer et du désir de réussir, le tout en respectant l'environnement, ben voyons donc !

Un livre traitant de la nécessité de se nourrir avec des légumes et fruits frais provenant le plus possible de notre jardin, de les cuisiner, ben voyons donc !

Un livre traitant de ces sujets ! Nous n'avons pas eu besoin de négocier, d'essayer de convaincre l'une ou l'autre. La mère et la fille ont un besoin vital d'utiliser leur pouce vert, de voir la vie dans leur cour, de la préserver et de l'améliorer, de mettre les mains à la pâte.

Pour l'une, combler son besoin de percevoir la beauté des couleurs, de les agencer, de s'amuser à concevoir tant au jardin que dans l'assiette ; et pour l'autre, un besoin de plus, celui de prendre un cliché de tout ce qu'elle trouve beau avec son regard averti et intuitif ; mais aussi d'une recette concoctée sur un fond de décor approprié. L'une ayant hérité de

ses parents et de ses grands-parents son intérêt pour la culture et ayant transmis à sa fille le besoin d'un univers vert, vivant et sain ; et l'autre ayant hérité de son père et de ses grands-parents paternels son goût pour la photographie. Nous formons une équipe soudée et ensemble, nous avons accompli ce travail avec plaisir.

Nous vous présentons donc un ouvrage qui, nous l'espérons, vous ouvrira au monde de la culture, au désir de manger plus frais et plus vitaminé, de participer à un mode de vie plus lié à la terre et qui aura un impact réel dans votre assiette et sur votre santé.

À PROPOS DES AUTEURES

MOT DE SYLVIE

D'un petit coin de terre naissait toujours un jardin de fleurs ou de légumes, sinon devant une fenêtre une jolie plante verte satisfaisait une petite partie de mon grand besoin de vivre auprès de tout ce qui peut pousser et qui est vert.

Mes grands-parents et leur potager, les belles jardinières de fleurs suspendues à leur véranda, les gros arbres dans la cour arrière dont nos bras d'enfants, à mes sœurs et à moi, ne pouvaient faire le tour, mon oncle à la recherche de la culture parfaite de plants de tomate dans sa petite serre, mes parents qui un jour décidèrent de labourer une grande partie du champ afin de créer un jardin de légumes variés qui subviendrait à nos besoins maraîchers durant le long hiver, ma vie à la campagne entourée de champs fleuris, de petites collines, d'un sous-bois parfait pour se relaxer. Tous et tout cela ont contribué à construire la personne que je suis et à mon besoin impératif de vivre entourée de verdure et de mettre les mains dans la terre avant même que le printemps arrive pour faire les semis afin d'être prête à transplanter de jolis plants de légumes aussitôt le sol réchauffé par le doux soleil printanier.

À mon arrivée il y a neuf ans, dans ma cour arrière de 420 pi^2 vivaient un petit cerisier sauvage, un très petit merisier sauvage et un sureau, tous étouffés dans un cercle de plastique dans lequel les fourmis avaient établi leur nid. Je décidai aussitôt de les libérer. Ce coin de terrain deviendrait mon coin sauvage où les oiseaux pourraient jouer à cache-cache, se laver dans leur bassin d'eau, manger et faire leur nid si désiré, sans oublier le pic-bois qui viendrait, à mon grand plaisir, cogner du bec dans un vieux tronc d'arbre qui avait servi de poteau de corde à linge. Ma seule pensée était de recréer un écosystème où arbres, arbustes, fleurs, insectes et oiseaux trouveraient asile ; mais aussi un potager qui nourrirait mon corps, reposerait mon esprit et me tiendrait en forme. Année après année, j'ai avancé en agrandissant lentement, ici et là, les plates-bandes mais surtout le jardin, tout en essayant ceci et cela, en conservant mais aussi en rejetant à contrecœur certaines plantes qui ne s'habituaient pas à leur nouvel emplacement ou des légumes qui n'arrivaient pas à s'y épanouir et qui, de surcroît, servaient à nourrir des insectes que je ne désirais pas nécessairement avoir en abondance. J'ai fait des choix et j'ai toujours travaillé dans le but d'avoir de la variété, car je crois que celle-ci crée un équilibre. Et dans ma cour, le chimique est banni. Ça passe ou ça casse ! Je remets à la terre ce que la terre m'a donné avec un petit ajout de fumier à l'occasion, le fumier le plus bio possible ! Pour moi, pas question de nuire ni aux insectes utiles, ni aux animaux, ni même aux vers de terre qui me font un si beau compost et encore moins à nous-mêmes en ajoutant des produits non certifiés biologiques. Je récolte donc ce que je sème, de beaux légumes tendres, savoureux, remplis de vitamines. Ma devise : « Me contenter de ce que mon jardin me donne et l'apprécier. » Et j'en ai toujours plus qu'il n'en faut.

Au fil des ans, mon jardin est devenu un endroit où la vie bat son plein. Je suis parvenue à ce que je souhaitais, donner de la vie à un fond de cour banal, le rendre paisible et avoir un jardin où je trouverais de bons légumes, quelques baies et fruits savoureux.

Aujourd'hui, la culture de légumes soit au jardin, soit sur le balcon ou dans les plates-bandes est en plein essor, et c'est une très bonne idée que de penser à utiliser même le plus petit espace afin de faire pousser ses propres légumes et fines herbes, si petite la

quantité soit-elle. Et pourquoi ne pas planter un arbre fruitier qui produirait un fruit comestible et qui attirerait des insectes utiles au jardin du même coup ?

En plus de bien nous nourrir, le jardinage produit des actions et bienfaits positifs multiples (détente, plaisir, partage, etc.), ce qui rend gagnant quiconque s'investit un tant soit peu. Et que dire de la riche expérience partagée avec les enfants, un bagage de connaissances et de savoir-faire à leur transmettre, sans parler des beaux moments et souvenirs créés.

La cueillette de dernière minute rend un repas encore plus magnifique et la satisfaction de manger une fraîche récolte rehausse la valeur de nos repas. Nul besoin de vous dire que vous ne regarderez plus jamais les légumes vendus en épicerie de la même façon et que vous serez probablement, comme nous, empressés de voir arriver février pour vous mettre à l'œuvre, feuilles et crayon en main afin de dessiner le plan de votre jardin ou de dresser la liste des semences à vous procurer pour être prêts à temps. Ce projet estival apporte toujours un peu de chaleur et de beaux souvenirs des années passées pendant le dur hiver froid et gris. Puis viendront le temps des semis, la fonte des

neiges, la préparation du jardin, la mise en terre des graines, la transplantation des semis, tout ça avec un regard stupéfait par la beauté de la nature renaissant une fois de plus.

Bien sûr on ne réussit pas toujours du premier coup. C'est parfois un défi à relever, car il peut se présenter sur notre route des « inattendus » : gel printanier, trop de pluie ou pas assez, des insectes nuisibles, une marmotte ! Un œil averti et voilà qu'on gère mieux tout ça. (Je fais le tour de ma cour et j'observe ce qui s'y passe tous les jours. C'est mon moment de détente.) Un partenaire bricoleur, à défaut de l'être soi-même, peut devenir fort utile. Ne demandez pas à mon conjoint de semer des graines ! Vous verrez trois ou quatre plants de betterave pousser dans le même trou. Mais demandez-lui de fabriquer une cage à marmotte, un réservoir pour l'eau de pluie sur une petite tour surélevée avec un boyau pour arroser les plantes, une clôture par ici, retirer du gazon par là, transporter les brouettes de terre, brasser la terre du jardin, et voilà ! Chacun ses forces et ses faiblesses. Profitez de tous en famille, chacun y trouvera son compte et son plaisir. L'union fait la force ! Alors tous à vos jardins, bonne culture et bonne cuisine !

Chaque printemps, mes chéris participent à la tâche des semis. Ils sont si beaux à voir !

MOT DE MANON

Mon plus vieux souvenir vert remonte à l'époque où je déménageais mes pénates de Jonquière vers la grande ville. Je me souviens d'une boîte pleine à craquer de jolis pots de terre cuite colorés où s'entassaient cactus, plante araignée, aloès et alouette ! Dans le demi sous-sol où j'habitais alors, elles étaient alignées sur des tablettes de bois que mon gros minet s'amusait à tasser (faisant voler en éclats les pots) pour voler un chaud rayon de soleil. À la fin de mes études universitaires, on m'a embauchée dans une maison d'édition où l'on m'a confié, entre autres, la coordination du magazine *Mon jardin et potager.* Je trouvais ça assez ironique alors que je n'avais même pas de place où mettre un contenant ou une jardinière pour y cultiver des fines herbes ! Il n'empêche que chaque entrevue ; menée au fil des ans auprès d'experts du milieu horticole ; me passionnait au plus haut point et m'amenait à rêvasser à ce jour où je pourrais à mon tour avoir un bout de terre pour y tester mon savoir-faire. Quelques années plus tard, l'amour m'a remenée dans ma région natale et à deux, nous avons établi notre nid.

Mon premier jardin a vu le jour alors que j'étais enceinte de quelques semaines à peine. Étourdie et nauséeuse, je tentais tant bien que mal de semer les pois, les carottes, radis ou oignons verts. Mon père avait retourné la terre et tracé les rangs, tandis que ma mère m'aidait et me guidait dans cette aventure. Elle m'avait d'ailleurs rempli un cartable d'informations pour débutante que je feuillette encore chaque printemps. J'avais eu beau récolter de savoureux légumes croquants, le cœur au bord des lèvres, j'avais peine à avaler quoi que ce soit. Qu'importe ! les tournées au jardin effectuées à la fin de la journée pour voir ces beautés horticoles fleurir, les fruits grossir, les abeilles bourdonnant autour de moi, l'explosion de parfums et de couleurs ont suffi à me convaincre de renouveler l'expérience l'année suivante. Quand je me suis mise à pratiquer la photographie, j'ai découvert un monde incroyable : les textures, les gouttelettes d'eau sur les feuilles, les insectes… De quoi me perdre plusieurs heures derrière mon appareil !

Chaque nouvelle saison m'entraîne inévitablement à tester de nouvelles variétés au jardin, autant pour mon bonheur de les voir pousser à travers mon objectif que pour mon plaisir gourmand : le haricot grimpant, l'aubergine, la roquette, la menthe, le maïs, les choux… Mon lopin de terre n'est pas grand, juste assez pour que je ne m'épuise pas à la tâche et suffisamment pour satisfaire mon envie de légumes frais pendant l'été, mais aussi celle de mes tout-petits. Maëlly et Victor sont d'insatiables dévoreurs de pois, carottes et concombres. Ils les méritent bien d'ailleurs puisqu'ils participent à chaque étape de leur croissance : les semis, la récolte ; en passant par la mise en terre et l'amendement du plant. J'adore observer leurs mains terreuses, leurs joues rouges d'efforts et leurs vêtements poussiéreux et tachés. Ils sont beaux à voir et j'espère pouvoir leur léguer cet amour pour la culture. D'ici là, je continuerai de mettre dans leur assiette mes produits fraîchement récoltés, que je sais sans engrais, sans pesticides mais surtout cultivés avec beaucoup d'amour.

Bonne récolte et surtout bon appétit !

NOS CONSEILS PRATIQUES

LES CONSEILS DE SYLVIE

• Je me souviens que, la première année, j'ai choisi un endroit de mon terrain où il me semblait qu'il y aurait un maximum d'heures d'ensoleillement. J'ai laissé tomber quelques brouettées de terre à jardin, j'ai semé des graines de laitue et quelques oignons verts puis j'ai observé le résultat. Rien de plus. C'était parfait. L'année suivante, j'ai fait livrer un camion de terre, et c'était parti. Aujourd'hui, je sais que j'aurais pu me servir de la terre qui était déjà là, même si elle ne me paraissait pas parfaite, et la travailler pour qu'elle devienne une belle terre à jardin.

• **Si vous disposez d'un grand espace,** commencez par un petit carré que vous agrandirez au fil des années selon vos besoins et aussi selon le temps dont vous disposez pour le travail au jardin. Mieux vaut un petit carré semé ou une petite balconnière de légumes qu'un grand jardin qui demande tant de travail qu'on n'a pas le temps de l'apprécier.

• Lorsque j'ai décidé que je me ferais un jardin, j'ai aussi décidé que les ouvrages sur le sujet deviendraient pour un certain temps mes livres de chevet. **N'hésitez pas à feuilleter des revues, des livres sur la culture, sur l'aménagement d'un jardin,** ça met l'eau à la bouche et ça aide à passer les longs hivers tout en rêvassant doucement à l'été… Visualisez vos projets, votre jardin et son potentiel de rendement, choisissez des fleurs susceptibles de contrer l'invasion d'insectes indésirables mais qui vont attirer les oiseaux, les papillons, les coccinelles et les abeilles. Dessinez des plans et prenez des notes à propos de spécimens que vous aimeriez ajouter, sans oublier les fines herbes qui pourraient pousser ici et là sur votre terrain et dans votre jardin. Elles sont très utiles, car elles brouillent les pistes aux insectes qui voudraient bien se nourrir de vos beaux légumes. De plus, les essayer, c'est les adopter. Vous ne pourrez plus vous passer de ces herbes fraîches en cuisine, leur saveur étant irremplaçable. N'oubliez pas non plus de penser aux heures d'ensoleillement avant d'arrêter votre choix sur une plante, car c'est le gage de votre succès. Enfin soyez intuitif, allez-y avec vos goûts, créez votre jardin, votre balconnière, votre plate-bande à votre image, selon votre personnalité. Observez et corrigez au besoin.

• **L'automne est un beau moment pour préparer le futur emplacement du jardin.** Peut-être voudrez-vous en profiter pour faire analyser votre sol afin de mieux le connaître. Demandez un test dans une jardinerie. Le printemps revenu, un petit secouage de terre, on fait les ajouts nécessaires et hop, on trace les rangs et on sème !

• Pour moi, **un compost est essentiel pour retourner à la terre tout ce qui peut et doit l'être.** On ne devrait jamais retrouver dans les ordures ménagères de rognures de légumes, de feuilles, de gazon, tout ce qui provient du jardin mais qu'on doit jeter. Un compost est simple à faire, facile à gérer et vient grandement en aide au jardinier. Les vers de terre garantissent un bon travail. Chaque printemps, je filtre et récolte cet amendement pour l'étendre aux endroits qui en ont besoin.

• **De même que vous tiendrez un journal de bord pour la culture de votre jardin, constituer un cahier de recettes, d'anecdotes et de souvenirs** pourrait vous sembler tout aussi intéressant et rapide pour y repérer en un clin d'œil votre recette préférée. Notez par ordre alphabétique toutes les herbes, tous les fruits et légumes, le temps des récoltes, vos recettes préférées, vos trucs et astuces, des photos et surtout laissez quelques pages blanches pour y inscrire des idées de recettes qui vous passeront par la tête. Faites-en un journal que votre progéniture prendra plaisir à feuilleter au moment opportun et qui lui permettra de constater votre amour pour la culture, la table, et votre désir de bien nourrir votre famille.

LES CONSEILS DE MANON

● **Allez-y étape par étape et surtout ne voyez pas trop grand dès la première année.** Soyez réaliste en prenant en considération votre disponibilité et choisissez des variétés de culture facile et peu exigeante.

● **Cultivez des fruits et légumes que vous aimez, et restreignez-vous à 1 ou 2 plants maximum.** La saison estivale suivante, vous vous adapterez selon votre expérience.

● **Je suis une jardinière paresseuse.** Il y a souvent des mauvaises herbes entre les rangs, j'oublie de mettre du compost ou de l'engrais une fois sur deux et c'est parfois la sécheresse au jardin. Non, je ne suis pas toujours un exemple à suivre. Soyez indulgent envers vous et acceptez humblement le résultat de vos récoltes.

● **On pourrait croire que, pour se lancer dans l'aventure du jardinage, cela demande beaucoup d'investissement. Détrompez-vous.** Avec une pelle, un seau de plastique et quelques semences et pelletées de terre, il y a déjà suffisamment de matériel pour vous lancer. Je n'ai ni brouette ni système d'arrosage et cela n'est pas un frein à la culture, croyez-moi.

● Chaque année, j'aime bien prendre sous mon aile une personne de mon entourage qui cherche à s'initier au jardinage ou encore au compostage. **N'hésitez pas à partager vos semences ou ajoutez quelques plants pour les offrir en cadeau à un ami,** un professeur ou même à votre voisin. Ce sera peut-être le point de départ d'une grande aventure.

● Avez-vous déjà pris connaissance de la liste des **10 fruits et légumes contenant le plus de contaminants** (poivron, concombre, pomme, céleri, entre autres) ? Je me fais un devoir de sélectionner pour mon jardin des semences certifiées biologiques et de cultiver sans pesticides ni engrais chimiques. Au moment de les cuisiner et de les servir à mes enfants, ma fierté de jardinière-maman est quintuplée.

● **Lorsque le gel est à nos portes, c'est l'heure de vider le jardin de ses fruits et légumes.** La récolte est parfois impressionnante et on se demande alors si on arrivera à tout cuisiner. N'ayez crainte ! Vous serez surpris de constater à quel point leur conservation n'a rien de comparable avec les légumes de l'épicerie. Trouvez une place au frais pour les courges, les oignons et les pommes de terre. Réfrigérez les légumes-racines, la tige du chou de Bruxelles et les choux, entre autres. Quant à vos fines herbes, enroulez-les séparément dans un essuie-tout humide avant de les réfrigérer ou hachez-les grossièrement, répartissez-les dans des bacs à glaçons, remplissez d'eau et faites congeler. Utilisez ensuite au besoin.

FOIRE AUX QUESTIONS

COMMENT FAIRE SÉCHER HERBES ET FLEURS POUR EN AVOIR JUSQU'À LA SAISON PROCHAINE ?

Une façon très simple de faire sécher les herbes est d'attacher quelques branches ensemble (4 ou 5) et de les suspendre tête en bas dans un endroit sombre et sec. Un garage, par exemple, peut s'avérer un très bon lieu pour le séchage. La ciboulette nettoyée puis coupée finement, les feuilles de céleri-rave ou le persil, étendus sur une plaque de cuisson, peuvent très bien sécher dans une armoire où il fait sombre et sec.

EN PLEINE TERRE OU HORS SOL ?

En pot, cela demande un arrosage régulier mais c'est rapide et idéal pour les petits espaces. Il existe d'ailleurs plusieurs variétés de plantes au port compact pour ce type de culture. Dans le sol, il faut brasser la terre (pour éviter que ne se forme une croûte dure et sèche), ajouter un amendement en début de saison et faire des rangs. À vous de choisir la technique qui vous conviendra le mieux.

QUELS SONT LES VARIÉTÉS FACILES DE CULTURE ?

L'oignon, le haricot, la courgette, la marguerite, la camomille, le radis et les légumes-racines (carotte, panais, betterave, navet, céleri-rave, pomme de terre) sont résistants à la sécheresse.

QUELS SONT CEUX QUI DEMANDENT LE PLUS D'ENTRETIEN ?

La tomate (en règle générale, on doit enlever les gourmands des plants), la famille des courges (qui sont des variétés exigeantes demandant un apport de compost ou de fertilisation 2 ou 3 fois par saison) et les poireaux (ils aiment bien qu'on leur taille les feuilles).

VAIS-JE DEVOIR RETIRER CHAQUE SEMAINE LES MAUVAISES HERBES DU JARDIN ?

Comme pour une plate-bande, ajouter une bonne couche de paillis naturel (paille, feuilles d'arbres séchées) freinera leur apparition et limitera leur présence.

QUELLES SONT LES VARIÉTÉS VIVACES (HERBES, LÉGUMES ET FLEURS COMESTIBLES) ?

Artichaut, asperge, ciboulette, lupin, marguerite, menthe, origan, pensée, pissenlit, thym, pour ne nommer que ceux-là.

QUELS LÉGUMES PEUT-ON SEMER PLUSIEURS FOIS DANS LA SAISON ?

Pour vous en souvenir, fiez-vous à ces premiers légumes qu'on sème au printemps : la laitue, les radis, les épinards... Ces derniers aiment la fraîcheur, voilà pourquoi nous pouvons en semer une deuxième fois tard dans la saison estivale (il vous faudra connaître la date du premier gel afin d'éviter les semis faits trop tardivement) pour une récolte au bout de quelques semaines. N'hésitez pas non plus à faire des semis successifs de carottes pour une récolte en continu et même une fois les premières neiges tombées, vous pourrez encore en récolter.

DU COMPOST, ON EN MET COMBIEN DE FOIS DANS L'ÉTÉ ET À QUEL MOMENT ?

Le compost est ajouté aux plants selon leurs besoins. À titre d'exemple, les courges et les tomates demandent un apport 2 ou 3 fois par saison, tandis qu'une seule application au moment de la mise en terre peut être suffisante pour d'autres légumes.

PEUT-ON RENTRER NOS FINES HERBES NON VIVACES DANS LA MAISON À L'AUTOMNE ?

Le début de septembre est un bon moment pour entreprendre le transfert des plantes du jardin vers l'intérieur. Plus tard, le contraste entre l'extérieur humide et froid et l'air chaud et sec de la maison pourrait causer le plus grand tort à vos plants. Pour enlever les insectes, on plonge les racines dans une eau savonneuse plusieurs minutes et on fait un bon lavage des feuilles avec une douchette.

BON À SAVOIR

LE COMPOST

Un compost en voie de réussite se voit et se sent surtout. Un compost sent bon, aucune forte odeur désagréable ne doit s'en dégager, sinon il est temps d'intervenir. En retournant et ajoutant des couches de paille d'environ 10 cm (4 po) d'épaisseur, vous devriez pouvoir rétablir l'équilibre ; si votre compost sent mauvais, c'est qu'il manque d'aération, ce qui cause une surchauffe et la fuite de tout être vivant. Il doit y avoir un équilibre entre les résidus bruns (paille, feuilles d'arbre séchées) et les résidus verts (rognures de légumes et de fruits). Une certaine humidité doit aussi être maintenue (privilégier un endroit à la mi-ombre), car les organismes vivants s'y plaisent.

Un petit coup d'œil en passant pour voir s'il y a plusieurs vers de terre (et de bébés vers de terre) nous indique que le nid est propice pour l'obtention éventuelle d'un beau compost. Du marc de café et les feuilles du sureau, par exemple, aident à l'accélération du compost. Les mauvaises herbes en fleurs ne doivent pas être mises dans le compost, les graines pouvant ainsi germer et produire éventuellement une multitude de mauvaises

herbes dans le jardin. L'ajout de gazon doit se faire en petite quantité étant donné qu'il se compacte facilement et déstabilise le compost. (Ne jamais oublier que le gazon laissé au sol au moment de la tonte est déjà bénéfique et naturel pour le maintien d'un beau terrain gazonné ; vous pouvez aussi le déposer au pied des arbres ou en fines couches dans le parterre puis l'enfouir.)

Finalement, composter, c'est une habitude qui s'acquiert rapidement lorsqu'on considère tous les bienfaits générés par cette pratique.

Voici une liste non exhaustive pour mieux vous guider

Oui Fruits, légumes, mauvaises herbes (pas en fleurs) et tonte de gazon frais (en petite quantité), coquilles d'œufs broyées, feuilles d'arbre séchées, paille, marc de café, sachets de thé, cheveux, ongles...

Non Viande, poisson, huile, gras, os, produits laitiers, restes de table, excréments d'animaux, poussière d'aspirateur...

LE GUIDE DU JARDINIER

Tenir un journal dans lequel vous pourrez tout noter vous rendra de grands services. Voici ce que vous pourriez y inscrire :

- la taille de votre futur jardin et les possibilités ;

- la date du dernier gel du printemps et celle du premier de l'automne ;

- le choix des semis et la date des semis effectués ;

- les semences choisies, leur date d'achat et leur provenance ;

- la demande en fertilisation et en eau des diverses variétés ;

- le plan du jardin et l'année (prévoir la rotation des cultures) ;

- les bons emplacements au jardin et les mauvais ;

- les variétés d'arbres et arbustes et leurs noms scientifiques ;

- les tests de purin ou d'engrais faits à partir de plantes ;

- les amendements ajoutés ;

- les insectes nuisibles aperçus ;

- la variation des températures et le résultat.

Ce sont toutes de petites notes intéressantes et importantes dont vous devez vous souvenir pour la réussite de vos plantations. L'ajout d'une liste de compagnonnage des légumes (les voisinages propices et néfastes des légumes entre eux), l'énumération des légumes, la date des semis (intérieur et extérieur), la distance entre les semences, la distance entre les rangs, la profondeur, etc., simplifient la tâche et économisent du temps.

LES SEMIS

Après les longs mois d'hiver, quel bonheur d'ouvrir notre boîte aux trésors remplie de sachets ou de petits pots de graines en prévision du début des semis. La période de jardinage n'étant pas la même d'une région à l'autre et le dernier gel survenant à différentes dates, mieux vaut connaître la date moyenne de votre région et la noter afin d'empêcher des semis trop précoces qui pourraient embourber la maison au fil des jours ou d'éviter des pertes dues à une transplantation trop hâtive au jardin. Pour les semis extérieurs, certains vont observer les cultivateurs qui sèment leurs champs. Ces derniers se trompent rarement.

Les semis se font généralement de février à la mi-mai environ. C'est une excellente façon de procéder afin de réussir la culture d'un légume convoité qui, sans cette méthode, n'aurait tout simplement pas le temps d'arriver à maturité. Au dos des sachets de semences se trouvent les informations nécessaires à la plantation et une approximation du moment suggéré pour faire les semis.

Certes, cela demande du temps et de l'espace ; mais cela coûte si peu par rapport au prix des plants achetés dans une pépinière ou un centre horticole. Les semis de fleurs comestibles telles la camomille allemande, les capucines et les pensées poussent facilement. Les fleurs utiles dans le jardin tels les œillets d'Inde et les capucines méritent d'être semées à l'intérieur et ajoutées ici et là sur votre terrain. Elles pourront jouer leur rôle de répulsif à insectes indésirables et être efficaces aussitôt transplantées. Qui plus est, vous aurez la chance d'essayer des choses qui se vendent plus rarement sur le marché : par exemple, la cerise de terre ou le melon d'eau. Faites-en une activité familiale. Déposez les sacs de terre et les pots au sol, les enfants rempliront ces derniers et vous aideront à y semer les graines. Vous verrez, tous y trouveront un plaisir fou.

QUELQUES CONSEILS

Pour les grosses semences (haricot, courge, maïs, gourgane), faites-les tremper 24 à 48 heures avant la mise en terre. Même processus pour les graines de tomate que vous pourrez mettre entre deux essuie-tout mouillés. Semez les plus beaux germes seulement.

Les herbes se font très bien en semis ou directement dans la terre. Plus il y a d'herbes dans le jardin, moins les insectes peuvent reconnaître facilement leur plante préférée et la dévorer. Les basilic, coriandre, persil, romarin, sauge, tous très appréciés en cuisine, peuvent aussi pousser tout au long de l'année dans la maison, sur un rebord de fenêtre au soleil ou sur une étagère.

Nous avons longtemps fait des semis de courge, citrouille ou concombre au printemps, pour souvent arriver au même résultat avec un semis extérieur effectué sur une butte moitié terre moitié compost jeune. À vous d'expérimenter. Une certaine humidité doit toujours être maintenue pendant la germination.

Avant de tout mettre au jardin, il est primordial d'acclimater graduellement les plants au soleil à raison de quelques minutes à quelques heures par jour. Une trop rapide intégration causera d'importants voire mortels coups de soleil à vos plants.

Notre binette à dents, à qui on a ajouté un manche pour pouvoir travailler debout.

LES OUTILS

Plusieurs outils deviendront rapidement vos alliés au jardin. Nul besoin de vous équiper de tout cet attirail dès la première année (l'investissement serait important). En fin de saison, voilà un moment idéal pour les achats, les économies à faire pouvant être intéressantes. Voici ce qui vous sera utile :

→ une pelle ronde

→ une fourche

→ un râteau

→ un coupe-bordure

→ une serfouette

→ un sécateur

→ un arrosoir

→ un tamis à compost

→ une brouette (pour déplacer des choses sans forcer inutilement)

→ **Surplus utile :** seaux de plastique de 10 litres (pour la confection de purin et d'engrais), poubelles de plastique pour contenir de la terre ou du compost filtré ou de la tourbe, etc. (évite les insectes), poubelle sur roues (pour la conservation de la paille et un transport aisé), tuteurs en métal (solides, utiles pour maintenir les plants de tomates, monter des treillis pour les plants de pois, etc.), petits tuteurs de bambou, corde, ficelle, attaches autobloquantes *(Ty-Rap)*, ciseaux, couteaux bien aiguisés.

« Ma grand-mère, dans les années 1940, avait au coin de sa maison un tonneau qui recueillait l'eau de pluie et elle demandait à l'un de ses nombreux enfants de lui rapporter le crottin de cheval laissé dans la rue devant chez elle en échange d'une pièce de monnaie ; elle mettait ensuite ce crottin dans son baril d'eau pour enfin arroser ses fleurs avec une eau bien nourrissante. » - Sylvie

L'ARROSAGE

Préférez un arrosage particulier au pied de chaque plant plutôt qu'un arrosage général qui procurera beaucoup trop d'eau à quelques-uns et pas assez à d'autres. Évitez le plus possible d'arroser le feuillage des plants de légumes. Privilégiez des arrosages en profondeur et réguliers tôt le matin ou le soir.

LE BARIL D'EAU

Pour ceux et celles qui voudraient installer un baril pour ramasser l'eau de pluie : installé sur une petite tour et muni d'un boyau d'arrosage, il facilite l'arrosage.

LES MAUVAISES HERBES

Un désherbage et un binage réguliers ne prennent que quelques minutes et, bien qu'ils soient plus efficaces surtout au début, ils le demeurent tout au long de la saison. Évitez surtout de laisser monter en graines les mauvaises herbes qui ressèmeront en quantité des plants non désirables. Un sol

mouillé ou ameubli facilite le désherbage en permettant l'extraction entière de la plante, des feuilles aux racines. D'une année à l'autre, vous remarquerez une nette diminution des mauvaises herbes.

LE PAILLAGE

S'il est possible pour vous de toujours avoir de la paille sous la main, gardée dans un endroit sec ou dans une grande poubelle sur roues (elle se transporte facilement, ne s'étale pas partout durant le transport et reste au sec et à l'abri des rongeurs, été comme hiver), alors n'hésitez pas. La paille est très utile au jardin soit pour pailler les plants de tomate, de cerise de terre, de courge, de concombre et de fraise, soit pour ajouter une couche de matière sèche au compost.

LES ÉCHAUFFEMENTS

Le travail de jardinier est très physique. Bien des muscles se voient sollicités et plus particulièrement certains d'entre eux tels les muscles fessiers, des cuisses, des mollets et les biceps. Prendre la peine de plier les genoux vous épargnera des douleurs inutiles. Un réchauffement des muscles et des étirements sont préférables avant de débuter. Vous serez ainsi plus souples pour commencer vos travaux. L'eau en quantité est aussi primordiale pour contrer la déshydratation qui pourrait survenir assez vite pendant les gros travaux de jardinage sous le soleil. Et on le sait… mieux vaut prévenir que guérir.

LE TEMPS QUI MANQUE ?

Choisissez la congélation ! Tout ce qui pousse dans le jardin mérite d'être traité comme un véritable trésor. Quelle chance que d'avoir son petit coin de potager. Vous avez un surplus de récolte ? Partagez, mettez en conserve ou, une façon plus rapide, tournez-vous vers la congélation (lorsque c'est possible, bien sûr !). Faites à l'avance une liste de ce qui peut se congeler, prenez des notes sur le blanchiment de ces légumes, la coupe, les ajouts si nécessaire, la façon de procéder et tout ce qui s'y rattache puis joignez ces notes à votre journal.

LES GRAINES

Bien des légumes et herbes vous permet-tront de cultiver année après année sans avoir à acheter de nouvelles semences. Négligez un plant dans le rang, laissez-le monter en graines et vous n'aurez plus qu'à récolter celles-ci lorsqu'elles seront sèches. Conservez-les dans des petits contenants (vos flacons de pilules bien nettoyés, par exemple), identifiez-les et notez la date, ensuite mettez-les dans une boîte en carton puis entreposez-la dans un endroit sombre, frais et sec. Vous n'aurez plus qu'à mettre 3 ou 4 graines dans le trou au moment de la mise en terre puis à conserver le plant le plus vigoureux.

PURIN DE PISSENLIT

L'indésirable pissenlit peut devenir votre allié au jardin. Faites tremper environ 2 kg de pissenlits entiers avec la racine dans 10 L d'eau. Laissez macérer environ quatre jours puis filtrez. Diluez 1 quantité de ce liquide dans 5 quantités d'eau. Ce produit stimulera la croissance de vos légumes.

LA FAMILLE DES CHOUX

Le brocoli, le chou-fleur, le chou de Bruxelles, le chou pommé et le chou frisé (kale), voilà quelques-uns des membres de la grande famille des choux. Ils sont de plus en plus populaires, dans le jardin comme dans l'assiette, notamment pour leurs précieux atouts en matière de prévention contre le cancer. Vos enfants ne les aiment pas ? Vous pourriez être surpris de les voir dévorer une fois dans l'assiette après la récolte. Tout au long de la saison, les choux offrent un fabuleux spectacle. Vous tomberez certes sous le charme des bébés choux lorsque vous les verrez, et les observer en pleine croissance est tout aussi magique, surtout les choux de Bruxelles. Le seul hic ? Ils demandent beaucoup d'espace. Les essayer dans une plate-bande pourrait être très joli et pratique. Prévoir un arrosage de constant à élevé. Certains choux peuvent résister à des températures aussi basses que -10 °C, ce qui est parfait pour une récolte tardive.

LA TOMATE

Des semis intérieurs environ 10 à 12 semaines avant le dernier gel sont nécessaires.

Regardez ces belles rondeurs qui brillent au soleil. N'est-ce pas de toute beauté ?

Laisser les nouveaux plants dans un endroit bien éclairé. La transplantation au jardin se fera après le dernier gel. Pour certaines variétés, il faut enlever les gourmands (ces nouvelles pousses qui apparaissent entre la branche et la tige) et donner un engrais riche en calcium. Les tomates n'apprécient pas les écarts de température ni les arrosages irréguliers. Veillez à offrir un peu d'eau chaque jour et non pas une trop grande quantité une fois par semaine, et à arroser au pied du plant seulement.

Une fine gouttelette d'eau déposée sur une feuille de jeune pousse de basilic.

LA CAROTTE

Elle est très facile d'entretien, il faut seulement prioriser les sols profonds, légers et sablonneux (au besoin, on ajoute un peu de sable dans le carré de culture où pousseront les carottes).

LE BASILIC

À mettre dans un pot, au soleil le plus possible et seul (il n'apprécie pas nécessairement la compagnie des autres fines herbes, donc réservez-lui un espace bien à lui). On lui procurera un endroit à l'abri de la pluie, puisqu'il est moins gourmand en eau. Basilic et tomates font de bons compagnons dans le jardin.

L'AIL

Plantez les bulbes à l'automne. Retirez la fleur dès son arrivée pour favoriser la croissance du bulbe. Plantez seulement les plus grosses gousses du bulbe, qui seront plus productives.

LES CÂPRES DE FLEURS

Les boutons de pissenlit, de marguerite, de capucine, comme les boutons de câprier, font de délicieuses petites câpres pour apprêter tartares, salades, poissons, tapenades, etc. Il faut les cueillir lorsqu'ils sont encore bien fermés. Les laver, les blanchir dans l'eau bouillante 1 minute, les égoutter et les mettre dans un pot stérilisé. Pour 125 ml (½ tasse) de boutons de fleurs, porter à ébullition 60 ml (¼ tasse) d'eau, 60 ml (¼ tasse) de vinaigre de vin blanc et 5 ml (1 c. à thé) de sel puis verser bouillant dans le bocal. (Utiliser après trois semaines de macération au réfrigérateur.)

DES AJOUTS UTILES

Des fleurs telles que les ancolies, asclépiades, asters, chardons, hémérocalles, lupins, pieds d'alouette, pivoines, phlox, sédums, violettes attireront les papillons, les colibris et les insectes pollinisateurs.

PETIT GUIDE D'EMPLOI POUR LES CONSERVES

La stérilisation C'est l'élimination de toutes les bactéries pouvant contaminer les aliments mis en bocaux et pouvant ainsi les rendre impropres à la consommation. Il s'agit d'une étape essentielle à la bonne mise en conserve et elle doit être effectuée méticuleusement. Cela signifie aussi des mains, des linges, des pinces, des ustensiles et une surface de travail propres.

La méthode Dans une grande casserole, couvrir d'eau les bocaux lavés. Porter à ébullition et laisser bouillir 5 à 10 minutes. Pendant ce temps, dans une eau très chaude, plonger les rondelles propres afin de ramollir la bande orange. Laver et rincer les bagues.

La mise en conserve des marinades et des confitures À l'aide de pinces, retirer un bocal de l'eau bouillante, l'égoutter à l'envers, le remplir de l'aliment choisi, couvrir de liquide jusqu'à 1,25 cm (½ po) du bord. Mettre le couvercle puis visser la bague sans forcer. Remettre les bocaux à la verticale dans la casserole, couvrir d'eau bouillante, porter à ébullition et laisser bouillir de 10 à 15 minutes pour les confitures de petits fruits et 35 minutes pour les recettes à base de tomates. Retirer les bocaux et les déposer sur un linge. Laisser refroidir puis s'assurer que le couvercle soit concave sinon conserver au réfrigérateur et consommer rapidement. (Se conserve jusqu'à un an dans un endroit frais.)

Attention : À l'ouverture, le couvercle doit toujours offrir une certaine résistance et émettre un bruit sonore lorsqu'on le retire. La moindre couleur ou odeur suspecte devrait vous inciter à jeter le contenu du bocal.

AVERTISSEMENTS

Ce livre est le fruit de nos années d'expériences à titre de jardinières amateures, zone 3. Nous n'avons pas de formation en agronomie, pas plus qu'en cuisine. Par essais et erreurs, nous cherchons toujours à dépasser nos limites et à accroître nos connaissances. En espérant que notre passion et notre curiosité soient contagieuses, nous vous souhaitons bon succès !

SANS GLUTEN NI PRODUITS LAITIERS ? PAS DE SOUCI !

Après avoir publié un premier livre de recettes respectant un mode d'alimentation sans gluten et sans produits laitiers, nous poursuivons dans la même voie avec celui-ci. Si vous suivez un régime sans produits laitiers, il vous suffira d'adopter de la margarine végétale plutôt que de la margarine ordinaire ou du beurre, de la crème non laitière (de riz, de soya ou de millet, par exemple), du yogourt au lait de coco ou d'amande si du yogourt est demandé et finalement une boisson végétale (amande, riz, soya) comme substitut au lait

de vache. Quant à la farine, pour les recettes de ce livre ; nous avons utilisé la farine tout usage Cuisine soleil ou la farine à pâtisserie Bob's Red Mill®.

Dans l'optique d'une alimentation sans gluten et sans produits laitiers, il faudra surveiller les emballages des produits du commerce (les épices, par exemple), choisir une chapelure de riz ou de maïs plutôt qu'à base de blé, puis des flocons d'avoine, des viandes fumées, de la poudre à pâte et du vinaigre, entre autres, tous certifiés sans gluten et sans produits laitiers.

Vous remarquerez aussi que parfois, lorsque cela est possible, nous avons remplacé une partie du sucre par des sachets d'extrait de stevia. Le résultat ne nous déplaisant pas, nous avons conservé ces recettes car nous étions très fières d'utiliser moins de sucre. Le stevia est une plante vivace dont on extrait un sucre qui, lui, a un pouvoir sucrant 30 fois supérieur à celui du sucre de betterave et

300 fois à celui du saccharose. Il est 100 % naturel et n'apporte aucune calorie. Les sachets de stevia utilisés dans les recettes sont sans gluten. Ce pourrait être une avenue intéressante pour ceux et celles qui désirent tout simplement réduire le sucre dans leur alimentation. On le trouve en épicerie.

Finalement, nous espérons qu'une fois transportées dans vos cuisines, nos créations culinaires se transformeront en succès. Notez que nous avons toujours utilisé des œufs de calibre très gros. N'oubliez pas d'ajuster la température du four en fonction du vôtre puisque vous le connaissez bien et veillez à lire attentivement les instructions des recettes. Elles vous guideront vers la réussite.

VITAMINES MATINALES DU JARDINIER

CRÊPES À LA COURGETTE ET AUX BRISURES DE CHOCOLAT

Préparation : 20 minutes

Cuisson : 15 minutes

Portions : 4

INGRÉDIENTS

425 ml (1 ¾ tasse) de farine

7,5 ml (½ c. à soupe) de poudre à pâte

1 pincée de sel

2 œufs + 1 blanc

250 ml (1 tasse) de lait

1 courgette de 12,5 cm (5 po) environ, râpée et égouttée

175 ml (¾ tasse) de brisures de chocolat

15 ml (1 c. à soupe) d'huile végétale

PRÉPARATION

1 Dans un bol, mélanger la farine, la poudre à pâte et le sel. **2** Dans un autre bol, fouetter les œufs, le blanc d'œuf et le lait. **3** Incorporer les ingrédients liquides aux ingrédients secs et mélanger jusqu'à l'obtention d'une préparation homogène. **4** Ajouter la courgette râpée et les brisures de chocolat. **5** Dans une poêle chaude huilée, cuire environ 75 ml (⅓ tasse) de préparation à la fois.

SIROP DE CHOCOLAT
Rendement : environ 375 ml (1 ½ tasse)

125 ml (½ tasse) de lait

75 ml (⅓ tasse) de brisures de chocolat mi-sucré

125 ml (½ tasse) de sucre

60 ml (¼ tasse) de sirop de maïs blanc

1 pincée de sel

15 ml (1 c. à soupe) de margarine

2,5 ml (½ c. à thé) de vanille

PRÉPARATION

1 Dans une casserole, à feu moyen, chauffer le lait et les brisures de chocolat. **2** Brasser constamment jusqu'à ce que le chocolat soit fondu. **3** Ajouter le sucre, le sirop de maïs et le sel ; porter à ébullition et cuire 5 minutes en brassant constamment. **4** Réduire le feu et laisser mijoter 5 minutes supplémentaires. **5** Retirer du feu, ajouter la margarine et la vanille ; mélanger. (Conserver le surplus de sirop dans un contenant hermétique au réfrigérateur pour usage ultérieur.)

« Lorsque mes petits-enfants Maëlly et Victor viennent déjeuner, je fais avec plaisir cette recette de crêpes car je sais qu'ils se régaleront. Un petit déjeuner réussi. »
— Sylvie

LA COURGETTE Facile à cultiver, un seul plant de courgette dans un sol approprié et au soleil produit généralement assez de fruits pour une famille de quatre personnes. Advenant une trop grande production, bien laver la courgette, la râper et la congeler en portions utiles pour ajouter aux crêpes, aux gâteaux et biscuits, dans les frappés, etc. La pelure contenant plus de valeurs nutritives que la pulpe, qui, elle, contient plus d'eau, il est préférable de la conserver.

Préparation : 30 minutes

Cuisson : 10 minutes

Portions : 4

GAUFRES À LA BETTE À CARDE ET AU CHORIZO, FAÇON BÉNÉDICTINE

INGRÉDIENTS

625 ml (2 ½ tasses) de farine

5 ml (1 c. à thé) de poudre à pâte

2,5 ml (½ c. à thé) de bicarbonate de sodium

7 œufs

375 ml (1 ½ tasse) de boisson de soya

500 ml (2 tasses) de feuilles de bette à carde, ciselées

125 ml (½ tasse) de chorizo, taillé en dés

15 ml (1 c. à soupe) d'huile d'olive

30 ml (2 c. à soupe) de vinaigre

SAUCE HOLLANDAISE

30 ml (2 c. à soupe) de jus de citron

30 ml (2 c. à soupe) d'eau

4 jaunes d'œufs

250 ml (1 tasse) de margarine, fondue

Poivre noir

Quelques brins de ciboulette, ciselés

PRÉPARATION

Préchauffer le gaufrier à 200 °C (400 °F). **1** Dans un bol, mélanger la farine, la poudre à pâte et le bicarbonate de sodium. **2** Dans un autre bol, battre 3 œufs et la boisson de soya. **3** Incorporer les ingrédients liquides aux ingrédients secs et mélanger jusqu'à ce que la préparation soit homogène. **4** Ajouter la moitié des feuilles de bette à carde et le chorizo ; mélanger. **5** Verser environ 125 ml (½ tasse) de la préparation dans le gaufrier préalablement huilé, et cuire jusqu'à ce qu'elles soient bien dorées ; réserver au chaud. Répéter. **6** Dans une casserole, porter de l'eau à ébullition et ajouter le vinaigre. **7** Réduire le feu et, dans une eau frémissante, pocher les 4 œufs, un à la fois, 3 minutes chacun pour l'obtention d'un œuf coulant ; réserver. **8** Dans une poêle huilée, faire tomber le reste des feuilles de bette à carde.

SAUCE HOLLANDAISE **1** Dans un bain-marie, sur une eau frémissante, fouetter ensemble le jus de citron, l'eau et les jaunes d'œufs jusqu'à ce que la préparation ressemble à une mayonnaise moyennement épaisse. **2** Fouetter sans arrêt et incorporer la margarine en mince filet puis poivrer. **3** Retirer du bain-marie ; réserver.

MONTAGE Dans une assiette de service, déposer une gaufre, ajouter un peu de bette à carde tombée, un œuf poché et garnir généreusement de sauce hollandaise. Parsemer de ciboulette.

LA BETTE À CARDE Les différentes variétés de bette à carde poussent facilement dans le jardin et peuvent égayer magnifiquement les potées fleuries. Quelques plants donnent une belle récolte, ce qui permet d'en congeler pour l'hiver. Dans une casserole d'eau bouillante, blanchir les feuilles 1 minute, bien les égoutter, les hacher et les mettre en portions individuelles. À utiliser comme les feuilles d'épinards dans les recettes.

LES GRAINES DE RADIS Dans les magasins d'alimentation naturelle, on trouve des graines de radis biologiques pour la germination. Mettre les graines à tremper 1 heure ou 2. Égoutter dans une passoire et rincer à l'eau froide. Déposer la passoire sur un bol ayant un fond d'eau puis mettre dans une armoire. Rincer tous les jours. Après 4 à 5 jours, utiliser les pousses de radis dans les salades, frappés ou sandwichs. Les pousses de radis ont un délicieux goût piquant et c'est une belle façon de remplacer les radis durant l'hiver.

FRAPPÉ VERT
AUX POUSSES DE RADIS

Préparation : 5 minutes

Cuisson : aucune

Portion : 1

PRÉPARATION

1 Mélanger tous les ingrédients dans le robot culinaire. **2** Servir aussitôt.

INGRÉDIENTS

250 ml (1 tasse) de feuilles d'épinards, hachées et tassées

125 ml (½ tasse) de jus de pomme

½ pomme avec la pelure, en dés

Pousses de radis, au goût

OMELETTE SOUFFLÉE
AUX ASPERGES ET AU JAMBON

INGRÉDIENTS

2   tranches épaisses de bacon, en dés

15   ml (1 c. à soupe) d'huile d'olive

5   asperges

2   œufs séparés

1   pincée de sel

15   ml (1 c. à soupe) d'eau froide

15   ml (1 c. à soupe) de farine

125   ml (½ tasse) de jambon blanc, en dés

PRÉPARATION

Préchauffer le four à 180 °C (350 °F). **1** Dans une poêle allant au four, faire revenir le bacon dans l'huile. **2** Conserver 15 ml (1 c. à soupe) de gras et jeter l'excédent. **3** Dans une casserole d'eau bouillante salée, blanchir les asperges 1 minute ; égoutter. **4** Couper les tiges en petits dés ; réserver. (Conserver les têtes pour la décoration.) **5** Dans un bol, mettre les jaunes d'œufs et le sel ; battre jusqu'à ce que la préparation soit épaisse et pâle. **6** Ajouter l'eau et la farine ; mélanger. **7** Ajouter le jambon, les asperges et le bacon ; mélanger. **8** Dans un autre bol, monter les blancs d'œufs en neige ferme. **9** Incorporer les blancs aux jaunes d'œufs en pliant jusqu'à l'obtention d'un mélange uniforme. **10** Verser dans la poêle de cuisson du bacon. **11** Cuire au four de 18 à 20 minutes. (Servir aussitôt car cette omelette tombe assez rapidement.)

Délicieux avec un filet de sirop d'érable.

L'ASPERGE Les plants d'asperge restent en terre pour plusieurs années et, idéalement, vous les ajouterez à vos plates-bandes, le long des fondations de la maison ou du garage, où ils ne vous embêteront pas lorsque viendra le temps de travailler la terre de votre jardin au printemps et où ils ne seront pas non plus trop dérangés ou abîmés. Prévoir du compost chaque automne et un ajout de cendres aux trois ans environ.

« Dès la fonte des neiges, je trépigne d'impatience à l'idée d'apercevoir enfin les asperges sortant du sol — les premières au rendez-vous ! Elles offrent un fabuleux spectacle aux enfants, qui trouvent toujours que ça ne pousse pas assez vite ; car ils sont trop pressés de les dévorer... »
— Manon

LA FRAMBOISE Certains framboisiers produisent l'été mais aussi l'automne, et parfois cette production est encore plus abondante, ce qui devient plutôt intéressant. ils peuvent demander moins d'entretien. Informez-vous auprès d'un(e) conseiller(ère) en horticulture sur le framboisier qui convient à votre terrain.

PAIN DÉJEUNER À L'ORANGE ET CONFITURE DE FRAMBOISES

PRÉPARATION

PAIN Préchauffer le four à 190 °C (375 °F). ① Au micro-ondes, réchauffer l'eau jusqu'à ce qu'elle soit tiède/chaude. ② Ajouter le sucre et la levure. ③ Laisser reposer 10 minutes dans le micro-ondes éteint, la porte fermée. ④ Dans un bol, mélanger l'œuf, l'huile, le vinaigre et le jus d'orange. ⑤ Dans un autre bol, tamiser et mélanger la farine de riz, la fécule de tapioca, la farine de gourgane, la gomme de xanthane et le sel. ⑥ Ajouter tous les ingrédients liquides aux ingrédients secs ; mélanger. ⑦ Battre au batteur électrique 3 minutes à faible vitesse. ⑧ Ajouter le zeste d'orange. ⑨ Verser dans un moule à pain en silicone d'environ 1,25 L (5 tasses). ⑩ Couvrir d'un linge et mettre dans le micro-ondes éteint, la porte fermée. ⑪ Faire lever la pâte environ 40 minutes ou jusqu'à ce qu'elle ait doublé de volume. ⑫ Enfourner sur la grille du centre et cuire 30 à 35 minutes.

CONFITURE ① Dans une casserole, porter à ébullition tous les ingrédients en remuant. ② Réduire le feu et laisser mijoter environ 35 minutes ou jusqu'à l'obtention d'une belle texture. ③ Rectifier le stévia au besoin.

L'équivalent de 75 ml (⅓ tasse).

INGRÉDIENTS

PAIN

175	ml (¾ tasse) d'eau
5	ml (1 c. à thé) de sucre
10	ml (2 c. à thé) de levure sèche à action rapide
1 ½	œuf battu*
7,5	ml (½ c. à soupe) d'huile d'olive
7,5	ml (½ c. à soupe) de vinaigre de cidre de pomme
10	ml (2 c. à thé) de jus d'orange
175	ml (¾ tasse) de farine de riz blanc
90	ml (6 c. à soupe) de fécule de tapioca
45	ml (3 c. à soupe) de farine de gourgane
7,5	ml (½ c. à soupe) de gomme de xanthane
2,5	ml (½ c. à thé) de sel

Le zeste de 1 orange

CONFITURE

750	ml (3 tasses) de framboises
60	ml (¼ tasse) de sucre
1	sachet de 0,5 g d'extrait de stevia
15	ml (1 c. à soupe) de jus de citron

BOUCHÉES ET ENTRÉES

FEUILLES DE LAITUE GARNIES

INGRÉDIENTS

340 g (¾ lb) de petites crevettes nordiques, cuites

250 ml (1 tasse) de fraises, en dés

Sel et poivre du moulin

60 ml (¼ tasse) de mayonnaise

Sambal oelek, au goût

6 à 8 feuilles de laitue, au choix

Chapelure (facultatif)

PRÉPARATION

1 Dans un bol, mélanger les crevettes et les fraises puis saler et poivrer ; réserver. **2** Dans un autre bol, mélanger la mayonnaise et le sambal oelek ; réserver.

Montage Au centre de la table, déposer un plateau de feuilles de laitue et les garnitures réservées. Inviter les convives à se servir. Prendre une feuille de laitue, mettre au centre de la mayonnaise épicée, garnir de crevettes et de fraises, et ajouter un peu de chapelure, si désiré, pour un petit côté croustillant.

LA FRAISE Les paniers de fraises suspendus sont une jolie et excellente façon de se faire plaisir en cueillant et savourant de belles fraises juteuses. Utiliser un bon mélange de terre et de compost, maintenir une humidité constante et exposer dans un endroit ensoleillé. Prévoir des semis en janvier.

LA FLEUR DE COURGE En plus du spectacle qu'elles offrent au jardin, elles sont agréables à consommer. Prévoir de les cueillir le matin, car les fleurs de courge s'étiolent assez rapidement. Chaque jour s'épanouissent de nouvelles fleurs, très fragiles et délicates.

FLEURS DE COURGE ET HARICOTS EN PÂTE TEMPURA

Préparation : 20 minutes
Cuisson : 10 minutes
Portions : 4

PRÉPARATION

Préchauffer l'huile dans la friteuse à 180 °C (350 °F). **1** Dans un bol, mettre les jaunes d'œufs et l'eau ; bien mélanger. **2** Ajouter 150 ml (²/₃ tasse) de farine ; mélanger légèrement. (Utiliser la pâte à frire immédiatement.) **3** Dans un autre bol, mettre le reste de farine. **4** Enfariner les fleurs de courge une à la fois, les plonger dans la pâte tempura puis dans l'huile chaude. **5** Enfariner la moitié des haricots verts, les plonger dans la pâte tempura puis dans l'huile chaude deux minutes. **6** Répéter avec le reste des haricots.

SAUCE D'ACCOMPAGNEMENT **1** Mélanger tous les ingrédients dans un bol. Servir en accompagnement des fleurs et haricots en tempura.

INGRÉDIENTS

2	jaunes d'œufs
150 ml (²/₃ tasse)	d'eau froide
150 ml (²/₃ tasse)	de farine + 60 ml (¼ tasse)
6	fleurs de courge, le pistil retiré, lavées et asséchées
10	haricots verts nains, parés

SAUCE D'ACCOMPAGNEMENT

60 ml (¼ tasse)	de mayonnaise
30 ml (2 c. à soupe)	de jus de rhubarbe* ou 15 ml (1 c. à soupe) de jus de citron

Sambal oelek, au goût

Paprika fumé (facultatif)

*Saviez-vous que... le jus de rhubarbe peut servir de substitut au jus de citron dans la plupart des recettes.

41

FOUGASSE AUX TOMATES CERISES ET AUX HERBES

INGRÉDIENTS

175 ml (¾ tasse) de farine de riz blanc

75 ml (⅓ tasse) de fécule de tapioca

60 ml (¼ tasse) de farine de gourgane

1 sachet de 8 g (2 ¼ c. à thé) de levure instantanée à levée rapide

5 ml (1 c. à thé) de gomme de xanthane

5 ml (1 c. à thé) de sel

125 ml (½ tasse) d'eau chaude*

30 ml (2 c. à soupe) d'huile d'olive

60 ml (¼ tasse) de blancs d'œufs

7,5 ml (½ c. à soupe) de miel

2,5 ml (½ c. à thé) de vinaigre de cidre de pomme

GARNITURE

8 tomates cerises, coupées en 2 et épépinées

Quelques brins de ciboulette, ciselés

Quelques feuilles d'origan ou de basilic, ou des deux, ciselées

Huile d'olive

Sel et poivre du moulin

PRÉPARATION

1 Dans un bol, tamiser et mélanger les ingrédients secs. **2** Dans un autre bol, mélanger l'eau chaude, l'huile, les blancs d'œufs, le miel et le vinaigre. **3** Incorporer les ingrédients liquides aux ingrédients secs et battre au batteur électrique à basse vitesse environ 5 minutes, en raclant le bord constamment, et ce, jusqu'à ce que la pâte devienne d'une consistance lisse. (Rectifier l'eau, une cuillérée à la fois, si la pâte est trop épaisse.) **4** Étendre la pâte sur un papier parchemin en rectangle de 15 cm x 25 cm (6 po x 10 po) environ. **5** Mettre dans le micro-ondes éteint, la porte fermée ; laisser reposer 20 minutes. **6** Préchauffer le four à 230 °C (450 °F). Répartir la garniture sur le dessus de la fougasse, en enfonçant délicatement les tomates cerises. **7** Verser un mince filet d'huile sur le dessus, saupoudrer de sel et de poivre du moulin. **8** Cuire au four 10 à 12 minutes.

L'eau doit être chaude mais non bouillante.

« J'adore les fougasses ! Les imaginer, les faire, les cuire, les sentir, les servir et … . les manger. »

– Sylvie

LA TOMATE CERISE Les plants poussent très bien en gros pot, en plein soleil. Cette plante étant gourmande, la nourrir adéquatement d'un fertilisant biologique et d'un arrosage régulier et suffisant (surtout pas sur les feuilles ni sur les fruits) permettra d'obtenir une belle récolte de jolies petites tomates sucrées et délicieuses.

SALSA ET TORTILLAS DE MAÏS GRILLÉS

INGRÉDIENTS

SALSA ÉPICÉE

1	kg (4 à 5) tomates mûres
2	poivrons verts, en dés
1	poivron rouge, en dés
1	oignon espagnol, en dés
2	à 3 piments jalapeños, hachés
45	ml (3 c. à soupe) de concentré de tomates
100	ml (⅜ tasse) de vinaigre blanc
30	ml (2 c. à soupe) de cassonade
7,5	ml (½ c. à soupe) de gros sel
5	ml (1 c. à thé) de paprika
2	gousses d'ail

CROUSTILLES DE MAÏS

8 pâtes à tortillas (voir page 102)

Huile d'olive

Assaisonnements au choix (paprika fumé, graines de sésame, graines de pavot, curcuma, etc.)

PRÉPARATION

SALSA ❶ Laver les tomates et faire une légère entaille en croix à la base. ❷ Dans une casserole d'eau bouillante, les blanchir jusqu'à ce que la peau se retire facilement. ❸ Retirer de l'eau et laisser refroidir dans de l'eau froide. ❹ Peler et tailler en dés. ❺ Porter à ébullition tous les ingrédients, dont les tomates ; réduire le feu et laisser mijoter environ 1 heure ou jusqu'à l'obtention d'une belle consistance. Se conserve au réfrigérateur quelques semaines dans des bocaux préalablement stérélisés.

CROUSTILLES DE MAÏS ❶ À partir de la recette Tacos de poisson (voir page 102), plutôt que de mettre les pâtes au four pour former des tacos comme suggéré, tailler les tortillas cuites en pointes et les déposer sur une plaque de cuisson. ❷ Badigeonner d'huile, saupoudrer d'épices puis passer sous le gril tout en surveillant jusqu'à ce qu'elles soient dorées. Servir chaudes.

LA TOMATE CŒUR DE BŒUF Cette variété de tomate est notre préférée. De belle taille, elle est charnue et elle renferme peu de pépins. Les plants de lourdes tomates (certaines peuvent peser 750 g) demandent d'être bien tuteurés. Cette plante étant gourmande, il faut la nourrir d'un compost jeune au départ, la fertiliser environ deux fois pendant la saison et lui apporter de l'eau régulièrement. La pailler pour conserver toute l'humidité au sol. Elle a besoin d'un maximum de soleil.

« Je raffole des sushis et je suis toujours à la recherche de nouvelles idées pour varier mes expériences. J'ai été inspirée lors d'une sortie au restaurant où l'on m'a servi un cornichon frit complètement décadent. J'ai eu envie de le marier avec le bon goût de la carotte marinée.
– Manon

LE CONCOMBRE Le concombre est un légume gourmand qui demande un sol bien composté et un arrosage régulier. Il faudra lui fournir une ou deux fertilisations supplémentaires pendant la saison. Il aime bien courir sur le sol, donc prévoir un emplacement adéquat ou un tuteur pour le maintenir en place.

CONSERVE DE CORNICHONS

Rendement : 1 bocal de 1 L (4 tasses)

500	ml (2 tasses) d'eau
60	ml (¼ tasse) de gros sel
10	à 12 cornichons
325	ml (1 ⅓ tasse) de vinaigre blanc
150	ml (⅔ tasse) d'eau froide
4	petits bulbes d'oignons blancs, pelés
2	gousses d'ail, pelées
5	ml (1 c. à thé) de graines de moutarde
2,5	ml (½ c. à thé) de graines d'aneth
2,5	ml (½ c. à thé) de grains de poivre noir
30	ml (2 c. à soupe) de cassonade

PRÉPARATION

❶ Porter à ébullition l'eau et le sel ; brasser jusqu'à ce que celui-ci soit fondu. ❷ Retirer du feu ; laisser tiédir. ❸ Dans un bol, mettre les cornichons puis verser l'eau salée tiédie. ❹ Laisser dégorger ainsi 12 heures ou toute une nuit. ❺ Après ce temps, rincer abondamment afin de dessaler les concombres. ❻ Mettre les concombres dans un bocal préalablement stérilisé. ❼ Dans une casserole, porter à ébullition le vinaigre, l'eau, les oignons, l'ail, les épices et la cassonade ; couvrir et laisser mijoter 3 minutes. ❽ Verser dans le bocal ; sceller. (Laisser reposer 3 à 4 semaines avant de consommer.)

SUSHIS AUX CAROTTES MARINÉES ET CORNICHONS À L'ANETH FRITS

Préparation : 40 minutes
Cuisson : 10 minutes
Portions : 8 bouchées

PRÉPARATION

CAROTTES MARINÉES **1** Dans un bol, recouvrir les carottes de 15 ml (1 c. à soupe) de sucre et de sel ; laisser mariner quelques minutes. **2** Lorsque les carottes seront ramollies, bien rincer. **3** Dans une casserole, porter à ébullition le vinaigre de riz, l'eau et le sucre ; brasser jusqu'à ce que le sucre soit dissout puis verser sur les carottes. (Se conserve dans un bocal 4 semaines au réfrigérateur.)

SUSHIS **1** Rincer le riz 4 ou 5 fois. **2** Verser dans le cuiseur à riz*. Cuire 10 minutes **3** Dans un bol, dissoudre le sucre et le sel dans le vinaigre de riz. **4** Verser sur le riz cuit ; mélanger pour bien enrober les grains de riz. **5** Laisser refroidir complètement.

CORNICHONS À L'ANETH FRITS Préchauffer l'huile dans la friteuse à 200 °C (400 °F). **1** Dans un bol, mettre la chapelure et l'aneth ; mélanger. **2** Assécher les cornichons, les couper en bâtonnets s'ils sont trop gros, les rouler dans un peu de farine, les secouer. **3** Les enrober ensuite de pâte puis rouler dans la chapelure. (Répéter cette étape pour obtenir une croûte plus épaisse.) **4** Plonger dans l'huile chaude et cuire environ 2 minutes ; égoutter sur un essuie-tout.

MONTAGE Placer une feuille de nori devant soi. Mouiller les doigts et prendre une poignée de riz. Étendre le riz sur la feuille en laissant environ ¼ du haut de la feuille de nori libre. (Permet de bien sceller le rouleau.) Au centre, placer vos aliments de gauche à droite ; tout d'abord les cornichons frits alignés ensuite les carottes marinées égouttées par-dessus. Rouler et ne pas avoir peur de presser fermement car le sushi se tiendra mieux au final et aura une plus belle apparence. Couper de façon à obtenir 8 morceaux.

Réussir un riz à sushis sans cuiseur à riz, voilà un défi de taille ! Non seulement l'autocuiseur permet de réussir des rouleaux comme les chefs, mais il peut cuire à la perfection les grains entiers comme le millet ou le quinoa.

INGRÉDIENTS

CAROTTES MARINÉES

2	carottes, en julienne
15	ml (1 c. à soupe) de sucre + 125 ml (½ tasse)
15	ml (1 c. à soupe) de sel
310	ml (1 ¼ tasse) de vinaigre de riz
250	ml (1 tasse) d'eau

SUSHIS

250	ml (1 tasse) de riz Calrose
5	ml (1 c. à thé) de sucre
5	ml (1 c. à thé) de sel
60	ml (¼ tasse) de vinaigre de riz
1	feuille de nori

CORNICHONS À L'ANETH FRITS

45	ml (3 c. à soupe) de céréales de maïs, émiettées ou chapelure au choix.
15	ml (1 c. à soupe) d'aneth, haché
3	cornichons
15	ml (1 c. à soupe) de farine
⅓	de la recette de pâte tempura (voir page 40)

Huile pour friture

TARTARE DE BŒUF

Préparation : 10 minutes
Cuisson : aucune
Portions : 4

PRÉPARATION

1 Hacher le bœuf finement au couteau ; réserver dans un bol de verre par-dessus un autre bol rempli de glaçons. **2** Ajouter tous les autres ingrédients ; mélanger. **3** Rectifier les assaisonnements. **4** Servir sur des croûtons de pain.

CÂPRES DE BOURGEONS DE MARGUERITE

Rendement : 250 ml (1 tasse)

125 ml (½ tasse) de bourgeons de marguerite*
60 ml (¼ tasse) de vinaigre de vin blanc
60 ml (¼ tasse) d'eau
5 ml (1 c. à thé) de sel

PRÉPARATION

1 Dans une casserole d'eau bouillante, blanchir les bourgeons de marguerite 1 minute ; égoutter et plonger dans l'eau glacée. **2** Mettre dans un bocal de 250 ml (1 tasse). **3** Dans une casserole, porter à ébullition le vinaigre, l'eau et le sel ; verser dans le bocal. (Utiliser après trois semaines de macération au réfrigérateur.)

Les bourgeons de marguerite doivent être récoltés alors qu'ils sont fermés bien serré ; bien rincer et égoutter.

INGRÉDIENTS

250 g (½ lb) de bœuf de surlonge AAA

15 ml (1 c. à soupe) de moutarde à l'ancienne, au goût

5 ml (1 c. à thé) de vinaigre de câpres de marguerite

30 ml (2 c. à soupe) de câpres de bourgeons de marguerite*

30 ml (2 c. à soupe) de ciboulette, ciselée

22,5 ml (1 ½ c. à soupe) d'huile d'olive

Sambal oelek, au goût

Sel et poivre

Croûtons de pain

CUEILLEUR

BOUILLON DE LÉGUMES

INGRÉDIENTS

2   carottes avec les feuilles, en morceaux

1   branche de céleri avec les feuilles, en morceaux

1   ou 2 feuilles de chou frisé (kale), en morceaux

½   poireau (le blanc et le vert), en morceaux

2   oignons, en morceaux

2   gousses d'ail, coupées en 2

1   racine de coriandre entière

2   ou 3 branches de persil

2   feuilles de laurier

1   branche de thym

5   ou 6 grains de poivre noir

15   ml (1 c. à soupe) d'herbes salées (voir page 155)

15   ml (1 c. à soupe) d'huile d'olive

2   L (8 tasses) d'eau

PRÉPARATION

1 Dans une grande casserole, faire tomber tous les ingrédients (sauf l'eau) dans l'huile quelques minutes. 2 Ajouter l'eau et porter à ébullition. 3 Laisser mijoter à découvert 15 à 20 minutes. 4 Goûter et laisser mijoter plus longtemps, si nécessaire. Filtrer le bouillon avant d'utiliser.

> De grâce, ne jetez pas les tiges de poireau, les fanes de carotte, les feuilles de chou frisé (kale) et de céleri-rave, la racine de coriandre... pensez bouillon maison ! Utilisez-les ensuite pour confectionner vos potages, vos soupes ou pour ajouter à un mijoté.

LA CAROTTE Quel bonheur de voir les enfants aller cueillir une carotte fraîche au jardin ! Le premier semis de carotte se fera environ quatre semaines avant le dernier gel, puis des semis successifs aux deux semaines jusqu'à la mi-juin permettront une récolte continue. Lorsque les pousses de carotte sont bien sorties du sol, éclaircir les rangs afin que chacune puisse avoir assez d'espace pour bien se développer (retirer une carotte sur deux). Vous préférez la culture en pot ? Une variété plus courte serait préférable. Les pointes de vos carottes sont fourchues ou elles se dédoublent ? L'an prochain, travaillez le sol pour l'alléger davantage.

« Chez moi, les feuilles de courge spaghetti, Butternut et poivrée recouvrent une bonne partie de mon gazon tout en exposant de jolies fleurs jaunes un peu partout chaque jour. Ces plantes rampantes et envahissantes s'épanouissent au même titre que les fleurs emprisonnées dans mes plates-bandes. Lorsque leur vie est terminée, un grand vide désolant apparaît. »

— Sylvie

LA COURGE SPAGHETTI Les plants de courge spaghetti aiment bien ramper sur le terrain ou encore s'agripper à une clôture. Penser à les planter là où ils ne seront pas encombrants. Un plant peut produire plusieurs courges, qui se conserveront trois à quatre mois dans un endroit frais et sec. Les cultiver comme tous les autres plants de courges, soit en butte avec un apport régulier de compost ou d'un autre fertilisant et une alimentation en eau suffisante.

COURGE SPAGHETTI
ET SAUCE VÉGÉ

Préparation : 25 minutes

Cuisson : 65 minutes

Portions : 4

PRÉPARATION

Préchauffer le four à 190 °C (375 °F). **1** Couper la courge en deux sur le sens de la longueur. **2** À l'aide d'une cuillère, retirer les graines. **3** Piquer l'extérieur de la courge à la fourchette afin d'accélérer la cuisson. **4** Badigeonner de 30 ml (2 c. à soupe) d'huile. **5** Déposer sur une plaque de cuisson recouverte d'un papier parchemin et cuire au four 40 à 45 minutes, en retournant à la mi-cuisson. (Vérifier souvent dans les dernières minutes afin d'obtenir une cuisson *al dente*.) **6** Pendant la cuisson, faire revenir l'oignon et l'ail dans le reste d'huile, jusqu'à ce qu'ils soient translucides. **7** Ajouter les poivrons, les courgettes, les herbes et le piment ; cuire jusqu'à tendreté des légumes. **8** Ajouter les tomates en dés, le concentré et la sauce tomate. **9** Porter à ébullition puis réduire le feu et laisser mijoter 20 minutes. Saler et poivrer. (L'excédent se met en conserve ou dans des contenants hermétiques au congélateur.) **10** Servir la sauce sur un lit de spaghettis de courge.

INGRÉDIENTS

1	courge spaghetti moyenne
30	ml (2 c. à soupe) d'huile d'olive + 15 ml (1 c. à soupe)
3	oignons, en dés
1	bulbe d'ail, pelé et émincé
4	poivrons (rouge, orange, jaune et vert), en dés
2	courgettes (verte et jaune), en dés
30	ml (2 c. à soupe) de basilic, ciselé
15	m (1 c. à soupe) de thym
30	ml (2 c. à soupe) de persil, ciselé
30	ml (2 c. à soupe) d'origan, ciselé
1	piment jalapeño, en dés fins
750	ml (3 tasses) de tomates, en dés
30	ml (2 c. à soupe) de concentré de tomates
375	ml (1 ½ tasse) de sauce tomate
Sel et poivre	

Ne soyez pas surpris, votre courge spaghetti sera toujours verdâtre au moment de la récolte. Avec le temps, elle prendra une teinte jaunâtre.

LA CORIANDRE Outre ses feuilles fraîches, un plant de coriandre en fleurs donnera à la fin une poignée de graines qui, une fois séchées, deviendront une épice essentielle à conserver dans un bocal. Arracher le plant lorsque les graines semblent d'une belle taille, le suspendre la tête en bas dans un endroit sombre, sec et bien aéré pendant un bon moment. Lorsqu'il est bien séché, retirer les graines. À noter que le plant de coriandre pousse bien à l'intérieur pendant l'hiver, donc ne pas hésiter à faire des semis à l'intérieur pour la culture en pot sur le bord d'une fenêtre bien ensoleillée.

FALAFELS AUX FINES HERBES

Préparation : 10 minutes
Cuisson : 20 minutes
Rendement : 12 falafels

PRÉPARATION

Préchauffer le four à 190 °C (375 °F). ① Dans un bol à l'aide d'un mélangeur à main, réduire en purée les herbes et l'ail. ② Ajouter les pois chiches et réduire de nouveau en purée. ③ Ajouter le bicarbonate de sodium et la chapelure ; mélanger à la cuillère de bois puis façonner douze boules environ. ④ Répartir sur une plaque de cuisson recouverte d'un papier parchemin et cuire 20 minutes au four en retournant les boules à la mi-cuisson. ⑤ Servir, avec une sauce tzatziki.

SAUCE TZATZIKI

Rendement : 250 ml (1 tasse)

½ concombre, râpé et bien égoutté

8 à 10 branches d'aneth frais, hachées

125 ml (½ tasse) de mayonnaise, de yogourt ou de crème sure

Sel et poivre

PRÉPARATION

① Mélanger tous les ingrédients dans un bol. (Réfrigérer quelques heures avant d'utiliser afin de développer les saveurs.) ② Servir en accompagnement de falafels ou encore de Tacos de poisson (voir page 102).

INGRÉDIENTS

2 branches de persil, hachées

1 poignée de feuilles de basilic, hachées

1 poignée de feuilles de coriandre, hachées

5 gousses d'ail, hachées

1 conserve de 541 ml (19 oz) de pois chiches, rincés et égouttés

5 ml (1 c. à thé) de bicarbonate de sodium

125 ml (½ tasse) de chapelure

MINI-PIZZAS AUX LÉGUMES

INGRÉDIENTS

1   recette de pâte à fougasse
      (voir page 42)

500   ml (2 tasses) de brocoli et chou-fleur,
      en petits bouquets

15   ml (1 c. à soupe) d'huile d'olive

125   ml (½ tasse) de sauce à pizza*

60   ml (¼ tasse) d'olives vertes,
      coupées en 2

1   oignon rouge, émincé

PRÉPARATION

1 À partir de la recette de fougasse (voir page 42), façonner 4 petites pâtes à pizza en suivant les indications de la recette. 2 Pendant que la pâte lève et que le four préchauffe à 230 °C (450 °F), faire revenir les petits bouquets de brocoli et de chou-fleur dans l'huile. 3 Étendre la sauce sur la pâte à pizza et parsemer des légumes cuits, des olives et des oignons rouges. 4 Cuire environ 8 minutes au four.

* SAUCE À PIZZA

Rendement : environ 125 ml (½ tasse)

1   conserve de 156 ml (5,5 oz) de concentré de tomates

4   gousses d'ail, émincées

10   ml (2 c. à thé) d'huile d'olive

125   ml (½ tasse) de thym, d'origan et de basilic, ciselés

Sel et poivre

PRÉPARATION

Dans un petit bol, mélanger tous les ingrédients. Rectifier les assaisonnements.

LE BROCOLI La famille des brassicacées (brocoli, chou pommé, chou-fleur, chou frisé [kale], chou-rave ou choux de Bruxelles) demande un certain espace dans le jardin. Une allée ou une plate-bande est préférable, surtout si l'espace du jardin est restreint. Ce sont des légumes assez gourmands, donc ils demanderont une fertilisation régulière et un bon arrosage. Le spectacle qu'ils offrent vaut la peine de s'attarder à leur trouver un emplacement juste pour eux. Le brocoli est à son meilleur s'il est cueilli lorsque les fleurs sont bien fermées. Ne pas oublier de faire tremper le brocoli (comme le chou-fleur) dans une eau froide additionnée de sel et de vinaigre durant 15 à 20 minutes afin de se débarrasser des minuscules insectes qui pourraient s'y cacher.

LE CHOU-FLEUR Vous serez sans doute aussi empressés que nous de voir surgir cette belle boule blanche minuscule qui grandira au fil des semaines. Selon la variété, parfois il faudra rabattre quelques feuilles et les attacher aussitôt que la petite boule se pointe pour protéger les inflorescences du soleil, sinon celles-ci seront plutôt brunâtres. Prévoir beaucoup d'espace, une bonne fertilisation et un arrosage constant.

POTAGE DE LILIACÉES

INGRÉDIENTS

8	à 10 gousses d'ail, hachées
2	blancs de poireau, tranchés
1	oignon espagnol ou 2 oignons jaunes, en dés
30	ml (2 c. à soupe) d'huile d'olive
2	grosses pommes de terre blanches, en dés
1,5	L (6 tasses) de bouillon de légumes (voir page 52)

Sel et poivre blanc

Huile de bourgeons de ciboulette, au goût (voir page 151)

PRÉPARATION

1 Dans une casserole, faire revenir l'ail, le poireau et l'oignon dans l'huile 3 minutes.

2 Ajouter les pommes de terre et le bouillon de légumes ; porter à ébullition puis réduire le feu et laisser mijoter à découvert 20 minutes ou jusqu'à ce que les légumes soient tendres.

3 Retirer du feu et utiliser le mélangeur à main pour obtenir un potage lisse ; saler et poivrer.

4 Répartir dans des bols et, si désiré, verser un filet d'huile de bourgeons de ciboulette sur le dessus et accompagner d'un pain à l'ail (voir page 148).

LE POIREAU Le poireau pousse très bien au jardin. Faire des semis environ 12 à 14 semaines avant le dernier gel. Tailler du tiers les racines et les tiges avant la transplantation dans le jardin. Le buttage des plants permet d'obtenir plus de blanc. Il peut être cueilli tôt ou tard dans la saison selon le besoin. Il sert à la fabrication d'herbes salées, de potages et de soupes, de mijotés, etc. Certains le congèlent, mais la texture molle ne plaît pas à tous. On peut aussi utiliser les feuilles vertes pour monter des bouquets garnis et qu'on congèle.

L'ÉPINARD L'épinard se sème très tôt au printemps, soit environ 8 semaines avant le dernier gel, puis aux 2 semaines jusqu'à la mi-mai car il adore la fraîcheur printanière. Le plant d'épinard monte en graines assez facilement lorsque les températures augmentent. Négliger un plant procurera des semences pour les prochaines années.

SALADE DE FEUILLES D'ÉPINARDS, DE MILLET ET DE MANDARINES

Préparation : 15 minutes
Cuisson : environ 20 minutes
Portions : 4

PRÉPARATION

1 Cuire le millet selon les indications du fabricant. 2 Dans une poêle chaude, faire griller les amandes ; réserver. 3 Dans un grand bol à salade, tailler les épinards grossièrement à la main ou à l'aide de ciseaux. 4 Ajouter les oignons verts, les dattes et les mandarines.

VINAIGRETTE Dans un bol, mélanger tous les ingrédients.

MONTAGE Verser la vinaigrette sur la salade ; mélanger. Parsemer d'amandes grillées. Servir aussitôt.

INGRÉDIENTS

- 125 ml (½ tasse) de millet
- 75 ml (⅓ tasse) d'amandes, effilées
- 2 L (8 tasses) de feuilles d'épinards, lavées et égouttées
- 3 à 4 oignons verts, ciselés
- 125 ml (½ tasse) de dattes Medjool, en morceaux
- 1 conserve de 284 ml (10 oz) de mandarines, égouttées

VINAIGRETTE

- 45 ml (3 c. à soupe) d'huile d'olive extra vierge
- 45 ml (3 c. à soupe) de vinaigre balsamique vieilli
- 45 ml (3 c. à soupe) de jus d'orange concentré surgelé, décongelé
- 15 ml (1 c. à soupe) de moutarde à l'ancienne
- Sel et poivre

« Cette salade a été une des premières de mon carnet de recettes lorsque j'ai quitté le nid familial. J'attends avec hâte les feuilles d'épinards frais du jardin pour m'en préparer une double portion. » — Manon

LE PERSIL Lorsqu'on aime le persil, on a tendance à en mettre partout. Semer suffisamment de persil ici et là dans le jardin ou en jardinière car on le retrouve dans une multitude de recettes. On l'utilise frais, séché ou congelé. Très facile à cultiver, il pousse bien au soleil ou à la mi-ombre et se récolte même tard en automne.

TABOULÉ DE QUINOA

Préparation : 15 minutes

Cuisson : 10 minutes

Portions : 4

PRÉPARATION

① Cuire le quinoa selon les indications du fabriquant ; réserver. ② Dans un bol, mélanger persil, les tomates, les oignons verts et le quinoa refroidi. ③ Ajouter l'huile, le jus de citron puis saler et poivrer ; mélanger. ④ Rectifier les assaisonnements. Servir.

INGRÉDIENTS

250 ml (1 tasse) de quinoa

1 L (4 tasses) de persil, haché

2 tomates, épépinées et en dés

2 oignons verts, ciselés

30 ml (2 c. à soupe) d'huile d'olive

Le jus de 1 citron

Sel et poivre

CHASSEUR-CUEILLEUR

Préparation : 15 minutes

Cuisson : environ 60 à 75 minutes

Portions : 6 à 8

CASSEROLE DE POULET, DE SAUCISSES ET DE LÉGUMES-RACINES

INGRÉDIENTS

Huile d'olive

6   cuisses de poulet avec la peau, lavées
     et asséchées

Gros sel

5   petits navets blancs, en morceaux

5   carottes, en morceaux

5   panais, en morceaux

250 ml (1 tasse) de poireau, en dés

4   à 6 gousses d'ail, coupées en 2

1   à 2 oignons verts, ciselés

Quelques feuilles de céleri-rave, ciselées

1   poignée de persil, ciselé

4   branches de romarin, ciselé

500 ml (2 tasses) de bouillon de poulet
     ou de légumes, chaud

250 ml (1 tasse) de vin blanc sec

8   saucisses de porc ou autre, au goût

15   ml (1 c. à soupe) de paprika fumé

Poivre du moulin

1   citron confit, en morceaux

1   conserve de 540 ml (19 oz) de haricots
     blancs, rincés et égouttés

10   tomates cerises

PRÉPARATION

1 Badigeonner d'huile les cuisses de poulet et saupoudrer de sel ; réfrigérer 30 minutes. **2** Préchauffer le barbecue à élevé. **3** Déposer les saucisses sur la grille huilée du barbecue ; bien saisir et réserver. **4** Dans une grande casserole muni d'un couvert pouvant aller sur le barbecue, mettre tous les légumes, les herbes, le bouillon et le vin ; mélanger. **5** Ajouter les saucisses parmi les légumes puis les cuisses sur le dessus ; saupoudrer le paprika fumé puis poivrer généreusement. **6** Ajouter le citron. Couvrir de papier d'aluminium. **7** Le barbecue toujours à maximum, déposer la casserole sur la grille et fermer le couvercle. **8** Cuire 10 minutes puis réduire le feu à doux et cuire environ 30 minutes supplémentaires. **9** Ajouter les haricots et les tomates ; brasser. (Ajouter du bouillon, si nécessaire.) **10** Arroser et remettre dans le barbecue, à découvert, le couvercle fermé jusqu'à ce que la viande se détache bien de l'os et que les légumes soient cuits. **11** Laisser reposer quelques minutes avant de servir.

LÉGUMES-RACINES Certains légumes-racines tels que les carottes et les panais demandent un sol profond afin que leurs racines puissent prendre de l'ampleur, sinon privilégier les variétés de petites carottes qui se contenteront d'un sol peu profond. Certaines peuvent demeurer dans le sol plus tardivement, ce qui peut se révéler fort utile.

LE POMMETIER «DOLGO» Ce pomme-tier prometteur est splendide lorsque les pommettes changent de couleur de jour en jour de la mi-août jusqu'à la cueillette, qui a lieu lorsque les fruits sont rouge foncé. Ces pommettes donnent de délicieuses gelées. Le pommetier devient un majestueux arbre de six mètres de haut sur cinq mètres de large (Zone 3).

CÔTELETTES DE PORC, CHUTNEY AUX POMMETTES

Préparation : 20 minutes

Cuisson : 35 à 40 minutes

Portions : 4

PRÉPARATION

1 Dans une casserole, mélanger tous les ingrédients du chutney à l'exception des épices. **2** Sur un morceau d'étamine, mettre la cardamome, la muscade, la cannelle et les grains de poivre ; refermer puis nouer avec une ficelle. **3** Ajouter dans la casserole. **4** Porter à ébullition, à feu moyen, en brassant. **5** Réduire le feu, puis couvrir et laisser mijoter jusqu'à l'obtention d'une belle consistance. **6** Badigeonner les côtelettes d'huile puis saler et poivrer ; réserver à température de la pièce environ 20 minutes. **7** Préchauffer le barbecue à élevé et saisir la viande trois minutes de chaque côté. **8** Réduire le feu et cuire jusqu'à ce qu'un thermomètre inséré au centre de la viande indique 63 °C (145 °F), pour une cuisson rosée. **9** Couvrir d'un papier d'aluminium et laisser reposer 10 minutes. **10** Si désiré, accompagner de pois mange-tout sautés dans un filet d'huile et d'une purée de pommes de terre. **11** Servir avec le chutney aux pommettes.

LA MISE EN CONSERVE DES POMMETTES

Porter à ébullition 250 ml (1 tasse) d'eau et l'équivalent en sucre. Cuire 2 minutes puis y plonger 20 à 30 (selon la taille) pommettes entières. Lorsque la peau de celles-ci commencent à se fendiller, verser immédiatement avec le sirop dans un bocal de 1 L (4 tasses) préalablement stérilisé. À consommer rapidement.

INGRÉDIENTS

4 côtelettes de porc de 2 cm (¾ po) d'épaisseur

30 ml (2 c. à soupe) d'huile d'olive

Sel et poivre du moulin

CHUTNEY AUX POMMETTES

1 pomme, en gros dés

3 pruneaux noirs, en gros dés

8 à 10 pommettes, le cœur retiré, en dés

1 petit oignon rouge, tranché

45 ml (3 c. à soupe) de vinaigre de cidre de pomme

75 ml (⅓ tasse) de cassonade, tassée

1 ml (¼ c. à thé) de sel

Les graines de 1 cardamome verte

Noix de muscade râpées au goût

½ bâton de cannelle

Quelques grains de poivre de Sichuan

LES CHOUX DE BRUXELLES Comme tous ceux de la grande famille des choux, ils demandent un amendement régulier. Ils exigent beaucoup d'eau et prennent de l'espace dans le jardin. Récolter les choux à partir de la base du plant. Blanchis 3 à 4 minutes, les choux de Bruxelles se congèlent.

FILET DE PORC
ET CHOUX DE BRUXELLES

Préparation : 20 minutes
Cuisson : 13 minutes
Portions : 4
Marinade : 1 à 2 heures

PRÉPARATION

Préchauffer le four à 200 °C (400 °F). **1** Dans un bol, verser de la vinaigrette à l'érable (voir page 151) et faire mariner le filet de porc 1 à 2 heures. **2** Dans le robot culinaire, hacher finement la laitue, les pommes, les noix et l'oignon. **3** Verser dans un bol et ajouter 15 ml (1 c. à soupe) d'huile, le vinaigre et les flocons d'érable puis saler et poivrer ; mélanger. **4** Égoutter la viande, saler et poivrer l'intérieur, le farcir du mélange préparé puis le ficeler. **5** Dans une poêle huilée bien chaude, saisir la viande de tous les côtés. **6** Cuire au four environ 10 à 12 minutes pour une cuisson rosée. Couvrir d'un papier d'aluminium et laisser reposer quelques minutes avant de servir. **7** Pendant la cuisson, dans une casserole d'eau bouillante (ou à la vapeur), cuire les choux de Bruxelles jusqu'à ce qu'ils soient encore un peu croustillants ; égoutter et réserver. **8** Dans une poêle, faire revenir le prosciutto et l'ail dans le reste d'huile ; déglacer avec le vinaigre. **9** Ajouter les choux de Bruxelles. **10** Saupoudrer d'épices et verser un filet de sirop d'érable ; bien remuer. **11** Servir.

**Le panch phoran est un mélange d'épices composé de cumin, de fenugrec, de nigelle, de moutarde brune et de fenouil.

*Les choux de Bruxelles doivent être plongés dans l'eau salée pendant plusieurs minutes pour éliminer les insectes.

INGRÉDIENTS

150 ml (⅔ tasse) de vinaigrette à l'érable

450 g (1 lb) de filet de porc, paré et ouvert au centre (sans couper les bouts)

2 bonnes poignées de laitue roquette

½ pomme, non pelée, en morceaux

45 ml (3 c. à soupe) de noix de Grenoble, concassées

1 tranche d'oignon rouge, en dés

15 ml (1 c. à soupe) d'huile d'olive + 15 ml (1 c. à soupe)

15 ml (1 c. à soupe) de vinaigre de cidre de pomme

15 ml (1 c. à soupe) de flocons d'érable

Sel et poivre

10 choux de Bruxelles*, de même taille

5 tranches de prosciutto, en morceaux

1 ou 2 gousses d'ail pelées et émincées

30 ml (2 c. à soupe) de vinaigre de cidre de pomme

Panch phoran**, au goût

Sirop d'érable

POIVRONS FARCIS À L'AGNEAU, À LA SAUGE ET AU ROMARIN

INGRÉDIENTS

4   poivrons verts

Sel

2 gousses d'ail, pelées et émincées

15   ml (1 c. à soupe) d'huile d'olive

225 g (½ lb) d'agneau haché

1   grosse tomate ou 2 moyennes, pelées, épépinées et taillées en dés

2   oignons verts, ciselés

1   à 2 branches de romarin, ciselées

15   ml (1 c. à soupe) de feuilles de sauge, ciselées

375 ml (1 ½ tasse) de riz cuit

Chapelure de pain*

Sel et poivre

PRÉPARATION

Préchauffer le four à 180 °C (350 °F). 1 Retirer le chapeau des poivrons, épépiner ceux-ci. 2 Dans une grande casserole d'eau bouillante, plonger les poivrons et cuire 5 minutes ; égoutter. 3 Saupoudrer l'intérieur de sel ; réserver. 4 Dans une poêle, faire revenir l'ail dans l'huile. 5 Ajouter l'agneau et faire revenir. 6 Ajouter 60 ml (¼ tasse) de tomates, les oignons verts et les herbes. 7 Cuire une minute puis ajouter le riz ; mélanger. 8 Farcir les poivrons. 9 Parsemer la chapelure sur les poivrons. 10 Dans un plat allant au four, verser le reste des tomates, ajouter des herbes supplémentaires puis saler et poivrer. 11 Y déposer les poivrons farcis et cuire au four 15 minutes puis 10 minutes à 200 °C (400 °F) pour dorer le dessus.

*Réduire en miettes une tranche de pain avec un peu d'herbes fraîches au robot. Ajouter quelques gouttes d'huile.

LE POIVRON Les poivrons poussent en plein soleil et sont très gourmands. Il faudra bien les nourrir en ajoutant un bon amendement aux deux semaines. Un arrosage régulier et suffisant est nécessaire à une belle récolte. Des semis doivent être faits afin que les plants soient prêts à mettre en terre lorsque tout danger de gel sera écarté.

ROSBIF EN CROÛTE D'ÉPICES ET DUO DE HARICOTS NAINS

INGRÉDIENTS

22,5 ml (1 ½ c. à soupe) de baies de genièvre

4   ml (¾ c. à thé) de 4 poivres mélangés

22,5 ml (1 ½ c. à soupe) de ciboulette, séchée

7,5 ml (½ c. à soupe) de persil, séché

4   ml (¾ c. à thé) de gros sel

6   ml (1 ¼ c. à thé) de graines de moutarde

4   ml (¾ c. à thé) d'origan, séché

3   gousses d'ail

15 ml (1 c. à soupe) d'huile d'olive

1   kg (2,2 lb) de rosbif

DUO DE HARICOTS NAINS

30 ml (2 c. à soupe) d'herbes salées (voir page 155)

4   grosses poignées de haricots nains jaunes et verts

PRÉPARATION

Préchauffer le four à 200 °C (400 °F). **1** Dans un moulin à café, broyer toutes les épices, les herbes et l'ail ; réserver. (Conserver environ 15 ml [1 c. à soupe] pour un beurre d'accompagnement [voir encadré], si désiré.) **2** Ajouter l'huile, puis badigeonner le rosbif. **3** Laisser reposer à la température de la pièce environ 20 à 30 minutes. **4** Enfourner 10 minutes puis réduire la température à 180 °C (350 °F) et cuire* jusqu'à ce que la température intérieure atteigne 55 °C (130 °F) pour une cuisson médium. **5** Laisser reposer recouvert d'un papier d'aluminium de 15 à 30 minutes avant de servir.

DUO DE HARICOTS NAINS Dans une grande casserole, porter à ébullition de l'eau et les herbes salées. Y plonger les haricots et cuire environ 5 minutes ou jusqu'à ce qu'ils soient tendres mais encore croquants ; égoutter. Servir tels quels en accompagnement du rosbif.

Le temps de cuisson des rosbifs dépend de la partie du bœuf. La cuisson peut prendre 30 minutes de plus ou de moins que les temps estimés.

BEURRE À LA BAIE DE GENIÈVRE
Rendement : 60 ml (¼ tasse)

60 ml (¼ tasse) de beurre ou de margarine

5   ml (1 c. à thé) du mélange d'épices réservé

PRÉPARATION

Dans un bol, mélanger le beurre et les épices ; réserver au réfrigérateur. Servir avec les tranches de rosbif et les haricots.

LE HARICOT Chacune a sa variété favorite. L'une préfère les haricots grimpants (en pot, près d'une clôture ou en guise d'écran sur un balcon, par exemple) et l'autre, les haricots nains, jaunes ou verts. Ces derniers prennent moins de place et la récolte est abondante. Ils sont plus délicats, cuisent en quelques minutes seulement et sont délicieux. Très faciles à mettre en conserve également. Les haricots poussent très facilement dans le jardin et ne requièrent aucun soin particulier. À noter que les plants ont besoin d'eau en période de floraison.

« Un incontournable ! Les haricots en accompagnement, et bienvenus les beurres, les huiles et les herbes du jardin ! De mille et une façons, ils sont toujours craquants, frais et bons. Vous ne trouverez jamais d'aussi bons haricots que ceux de votre jardin. »

— Sylvie

LA LAITUE De notre côté, le besoin souvent très urgent de manger le produit de notre jardin nous amène à faire des semis de six à huit semaines avant le dernier gel, ce qui nous permet de prolonger la récolte de laitue, qui préfère les températures fraîches plutôt que les chaudes. Certaines variétés de laitue poussent très bien en jardinière, sur un balcon. La laitue est un bon compagnon pour la carotte et l'oignon vert.

SALADE CÉSAR AU POULET, VINAIGRETTE À L'AIL

Préparation : 20 minutes
Cuisson : 20 minutes
Portions : 4

PRÉPARATION

Préchauffer le barbecue à moyen-élevé. **1** Badigeonner le poulet d'huile, ajouter du jus de citron et du sel ; réserver au réfrigérateur. **2** Cuire le bacon jusqu'à ce qu'il soit croustillant. **3** Déposer le poulet sur la grille huilée du barbecue. **4** Cuire environ 7 minutes de chaque côté ou jusqu'à ce que la viande soit bien cuite ; retirer et laisser refroidir.

CROÛTONS MAISON **1** Dans un bol, déposer les dés de pain et, en les secouant constamment, verser l'huile. **2** Ajouter le sel d'ail et le persil. **3** Étendre sur une plaque de cuisson recouverte d'un papier parchemin et faire dorer sous le gril quelques minutes.

MONTAGE Dans des assiettes de service, répartir les moitiés de laitue et le poulet. Ajouter de la sauce, des morceaux de bacon et des croûtons. Servir aussitôt.

*VINAIGRETTE À L'AIL

Rendement : 250 ml (1 tasse)

1 jaune d'œuf	250 ml (1 tasse) d'huile d'olive
1 trait de jus de citron	3 gousses d'ail, émincées
7,5 ml (½ c. à soupe) de vinaigre de cidre de pomme	Sel et poivre

PRÉPARATION

1 Dans un bol, mettre le jaune d'œuf, le jus de citron et le vinaigre. **2** En fouettant constamment, incorporer l'huile en filet. **3** Incorporer l'ail puis saler et poivrer. Pour un goût encore plus prononcé, préparer la vinaigrette la veille et la réfrigérer jusqu'au moment de servir.

INGRÉDIENTS

2 poitrines de poulet sans la peau, coupées en 2 horizontalement

Huile d'olive

½ citron

Sel

225 g (½ lb) de bacon

2 jeunes laitues romaines, coupées en 2 sur la longueur

Vinaigrette à l'ail*, au goût

CROÛTONS MAISON

4 tranches de pains en dés

30 ml (2 c. à soupe) d'huile végétale

Sel d'ail, au goût

15 ml (1 c. à soupe) de persil séché

L'OIGNON Mettre en terre une variété d'oignons blancs, rouges et jaunes est idéal. Calculer quelques jours pour récolter des oignons verts tendres. Pour une récolte de gros oignons à l'automne, récolter un oignon vert sur deux au cours de la saison, ce qui permettra à quelques-uns de grossir. Se conserve dans un endroit frais et sec.

SANDWICHS GRILLÉS AU BŒUF ET OIGNONS CARAMÉLISÉS

Préparation : 10 minutes
Cuisson : 20 minutes
Portions : 4

PRÉPARATION

OIGNONS CARAMÉLISÉS **1** Dans une casserole, faire revenir les tranches d'oignon dans l'huile jusqu'à ce qu'elles soient tendres. **2** Ajouter tous les autres ingrédients ; laisser mijoter jusqu'à l'évaporation complète du liquide. **3** Conserver le surplus dans un bocal au réfrigérateur.

MONTAGE Préchauffer le barbecue à élevé. Badigeonner les tranches de pain de margarine ; déposer sur la grille du barbecue. Pendant ce temps, réchauffer le bœuf sur la grille du haut du barbecue. Au moment de servir, garnir une tranche de pain d'une généreuse portion d'oignons caramélisés et l'autre, de quelques fines tranches de rosbif ; refermer le sandwich. Servir aussitôt.

INGRÉDIENTS

8   tranches de pain

30   ml (2 c. à soupe) de margarine

225   g (½ lb) de fines tranches de rosbif cuit (voir page 76)

OIGNONS CARAMÉLISÉS

2   gros oignons rouges, tranchés

30   ml (2 c. à soupe) d'huile d'olive

90   ml (6 c. à soupe) de sucre

30   ml (2 c. à soupe) de vinaigre de vin rouge

175   ml (¾ tasse) de vin rouge

Sel et poivre

SOUPE AUX GOURGANES

INGRÉDIENTS

2	oignons, en dés
15	ml (1 c. à soupe) d'huile d'olive
45	ml (3 c. à soupe) d'herbes salées (voir page 155)
1	os à soupe avec viande, si possible
2,5	L (10 tasses) d'eau
Poivre	
1	à 2 carottes, en dés
½	branche de céleri, en dés + les feuilles, ciselées
500	ml (2 tasses) de fèves gourganes
125	ml (½ tasse) de riz blanc ou de riz sauvage, ou d'un mélange des deux

PRÉPARATION

1 Dans une grande casserole, faire revenir les oignons dans l'huile. **2** Ajouter les herbes salées, l'os et cuire 2 minutes. **3** Ajouter l'eau, couvrir et porter à ébullition ; poivrer. **4** Réduire le feu et laisser mijoter 40 minutes. **5** Ajouter les carottes, le céleri et les feuilles ainsi que les gourganes. **6** Laisser mijoter à feu doux 45 minutes. **7** Ajouter le riz et laisser mijoter jusqu'à ce que le riz et les gourganes soient cuits. **8** Retirer l'os. Servir.

La recette originale veut qu'on la cuisine avec l'orge perlé (75 ml [⅓ tasse]). Mais on peut très bien le remplacer, surtout lorsqu'on adopte un régime sans gluten, par un mélange de riz à grains longs blanc et de riz sauvage.

« Les soupes de ma mère sont les meilleures, et de loin. Trop pressée, je raccourcis souvent le temps de cuisson lorsque j'en prépare à la maison. Sacrilège ! Le secret est dans un bouillon qui aura mijoté longtemps à feu doux... Prenez le temps vous aussi. »

— Manon

LA GOURGANE Qui dit Saguenay – Lac-Saint-Jean (notre région) dit « soupe aux gourganes ». La gourgane se comporte bien dans un endroit où le printemps est frais et long. C'est pourquoi on la sème très tôt, trois à quatre semaines avant le dernier gel. La gourgane se conserve au congélateur ou séchée. Riche en fibres et en protéines et mélangée à des carottes, du céleri, de l'oignon et d'une céréale, elle devient vite une soupe-repas.

VOL-AU-VENT AU POULET

INGRÉDIENTS

2   carottes, en dés

125 ml (½ tasse) de navet, en dés

1   branche de céleri, en dés

1   petit oignon, en dés

500 ml (2 tasses) de bouillon de poulet

125 ml (½ tasse) de petits pois frais

250 ml (1 tasse) de poulet cuit, en dés

Tranches de pain

BÉCHAMEL

60   ml (¼ tasse) de margarine

60   ml (¼ tasse) de farine

30   ml (2 c. à soupe) de fécule de maïs

560 ml (2 ¼ tasses) de lait

1   jaune d'œuf, battu

Jus de citron frais

Poudre d'oignon

Sel et poivre blanc

Persil

PRÉPARATION

1 Cuire les carottes, le navet, le céleri et l'oignon dans le bouillon de poulet jusqu'à ce les légumes soient tendres. **2** Ajouter les pois et cuire 1 à 2 minutes de plus ; égoutter et réserver.

BÉCHAMEL **1** Faire fondre la margarine dans une casserole. **2** Mélanger la farine et la fécule puis ajouter dans la casserole ; bien mélanger et cuire quelques secondes. **3** Ajouter le lait et remuer jusqu'à épaississement de la sauce. **4** Réchauffer le jaune d'œuf avec un peu de sauce chaude et verser dans la casserole. **5** Cuire en remuant 1 à 2 minutes. (Rectifier la consistance avec le bouillon de cuisson des légumes ou du lait, si désiré.) **6** Ajouter quelques gouttes de jus de citron, la poudre d'oignon, le sel, le poivre et le persil. **7** Rectifier les assaisonnements. **8** Ajouter les légumes et le poulet. Servir chaud.

MONTAGE Faire dorer les tranches de pain sous le gril. Verser la préparation chaude sur les tranches de pain rôties.

« Chaque année, j'augmente un peu plus la production des pois tant j'ai de grands dévoreurs ! »
— Manon

LE POIS Pour cuisiner ou mettre au congélateur pour l'hiver, mieux vaut en planter plusieurs rangs ou interdire les visites au jardin, car les petits pois sucrés sont très souvent des favoris et ils disparaissent assez vite. Semer aussitôt que le sol le permet puis toutes les deux semaines jusqu'au milieu de l'été pour une récolte continue. Penser à laisser quelques pois à sécher pour la culture de l'année suivante. Les plants de pois exigent un treillis d'une hauteur de cinq pieds auquel s'agripper.

PÊCHEUR-CUEILLEUR

BROCHETTES DE PÉTONCLES MARINÉS ET SALADE DE FENOUIL

INGRÉDIENTS

- 8   gros pétoncles, séparés en deux horizontalement
- 60   ml (¼ tasse) de vinaigrette à l'estragon (voir page 151)
- 1   bulbe de fenouil, émincé + quelques feuilles, ciselées
- 2   oranges, en suprêmes
- ½   oignon vert, ciselé
- 30   ml (2 c. à soupe) d'huile d'olive
- 45   ml (3 c. à soupe) de jus d'orange fraîchement pressé

Sel et poivre

PRÉPARATION

1 Mettre des baguettes de bambou à tremper dans de l'eau froide quelques minutes. **2** Dans un bol, faire mariner les pétoncles dans la vinaigrette, environ 15 minutes. **3** Dans un autre bol, mélanger le fenouil et les feuilles, les suprêmes d'oranges et l'oignon vert. Ajouter l'huile et le jus d'orange puis saler et poivrer ; répartir dans les verrines. **4** Préchauffer le barbecue à moyen-élevé. **5** Enfiler les pétoncles sur les brochettes en alternance avec le fenouil*, si désiré. **6** Déposer sur la grille du barbecue huilée et cuire environ 2 minutes de chaque côté.

Utiliser seulement le cœur du fenouil, qui est plus tendre.

LE FENOUIL On aime ou on n'aime pas ; c'est souvent catégorique. Mais si vous aimez le fenouil, pensez à le cultiver à part. Il n'est pas le bienvenu dans un jardin. Prévoir un endroit ensoleillé, un sol profond, frais, léger, riche et humide.

« Chez nous, les croquettes de poisson reviennent au menu chaque semaine. C'est un incontournable ! Mes enfants en raffolent. Il m'a donc fallu trouver quelques variantes ; en voici une qui pourrait bien plaire à toute votre famille. »
— Manon

LE CÉLERI-RAVE Il est facile à cultiver et peut demeurer dans le sol jusqu'aux premières gelées. Une ou deux fertilisations et un apport régulier en eau lui seront bénéfiques. Après la récolte, on peut le cuire et le mettre en purée puis congeler celle-ci en portions utiles pour l'ajouter à une purée de pommes de terre. Sécher les feuilles de céleri-rave et les utiliser comme le persil dans les recettes. Un peu d'imagination et on l'ajoute dans bien des casseroles.

CROQUETTES DE MORUE

PRÉPARATION

1 Dans une casserole d'eau bouillante salée, cuire les pommes de terre et le céleri-rave ; égoutter et écraser au pilon. **2** Ajouter la margarine, les feuilles de céleri-rave, les oignons verts, la morue puis saler et poivrer ; mélanger. **3** Préchauffer le four à 215 °C (425 °F). **4** Façonner en croquettes et rouler dans la chapelure. **5** Déposer sur une plaque de cuisson recouverte d'un papier parchemin. **6** Cuire au four environ 10 minutes de chaque côté.

SAUCE D'ACCOMPAGNEMENT Mélanger tous les ingrédients dans un bol.

INGRÉDIENTS

5   pommes de terre moyennes pelées, en morceaux

Le tiers d'un céleri-rave, ou plus selon la taille + 15 ml (1 c. à soupe) de feuilles, hachées

30   ml (2 c. à soupe) de margarine

2   oignons verts, hachés

340 g (¾ lb) de morue, cuite et émiettée

Sel et poivre

250 ml (1 tasse) de chapelure

SAUCE D'ACCOMPAGNEMENT

125 ml (½ tasse) de mayonnaise

30   ml (2 c. à soupe) de feuilles de céleri-rave, émincées

Le jus de ¼ de citron

Sambal oelek, au goût

LA POMME DE TERRE Notre truc... Choisir dans les comptoirs à l'épicerie des pommes de terre biologiques variées, fermes et sans taches, avec un maximum d'yeux chacune (petites racines qui pointent de la chair). Tailler en s'assurant qu'il y ait 2 ou 3 yeux par morceau. Ensuite, planter dans un contenant ou même dans un fond de sac de terre, et renchausser au fur et à mesure que le plant pousse. Trois à quatre mois plus tard, faire la récolte.

« J'ai planté des pommes de terre dans le jardin uniquement la première année. Depuis, j'en récolte à chaque saison plusieurs kilos puisque des grelots demeurent toujours cachés dans le sol, qui produisent ainsi de nouveaux plants l'année suivante. La culture des pommes de terre en contenant règle le problème. »   – Manon

MOULES ET FRITES

Préparation : 15 minutes
Cuisson : 6 minutes + 5 minutes
Portions : 3 à 4

PRÉPARATION

MOULES **1** Dans une grande casserole, faire revenir l'ail et l'échalote dans l'huile 1 à 2 minutes. **2** Ajouter 2 oz (60 ml) de vodka et cuire une minute. **3** Ajouter le reste des ingrédients, sauf le reste de la vodka et les moules. **4** Réduire le feu et laisser mijoter 2 minutes. **5** Ajouter les moules ; mélanger. **6** Couvrir et cuire sur le feu vif jusqu'à ce que les moules soient ouvertes. **7** Au moment de servir, verser le reste de vodka directement sur les moules ; mélanger. Servir aussitôt.

FRITES Préchauffer l'huile de la friteuse à 190 °C (375 °F). **1** Plonger les pommes de terre et cuire environ 5 minutes ou jusqu'à ce qu'elles soient bien dorées. Saler au goût.

Une moule saine se ferme lorsqu'on la touche. Au moindre doute, ne pas les utiliser. Après la cuisson, elles doivent être grandes ouvertes pour être consommées.

INGRÉDIENTS

MOULES

2	gousses d'ail, hachées
1	échalote française, en dés
15	ml (1 c. à soupe) d'huile
4	oz (120 ml) de vodka divisés
750	ml (3 tasses) de bouillon de poulet chaud
500	ml (2 tasses) de Clamato ou de jus de légumes (voir page 132)
125	ml (½ tasse) de céleri-rave, en julienne + 125 ml (½ tasse) de feuilles, ciselées
1	carotte, en julienne
5	ml (1 c. à thé) d'épices à Bloody Caesar
	Quelques gouttes de Tabasco ou sauce de piment fort
900	g (2 lb) de moules*, ébarbées, rincées et égouttées

FRITES

12	pommes de terre grelots non-pelées coupées en quartiers
	Sel

Préparation : 15 minutes

Cuisson : 20 minutes

Portions : 4

POISSON ET SALSA MEXICAINE

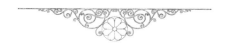

INGRÉDIENTS

Huile végétale, en quantité suffisante

1   poivron rouge

½   poivron jaune

2   épis de maïs

4   filets de poisson à chair blanche
     (ex.: morue, aiglefin, sole)

1   tranche d'oignon rouge, en petits dés

1   poignée de coriandre, ciselée

Le jus de ½ lime

Sel et poivre

PRÉPARATION

Préchauffer le barbecue à élevé. ❶ Huiler les poivrons puis les déposer sur la grille du barbecue. ❷ Les rôtir jusqu'à ce que la peau soit bien noire. (La peau se retirera plus facilement.) ❸ Retirer et refroidir dans un bol recouvert d'une pellicule plastique. ❹ Dans une casserole d'eau bouillante salée, plonger les épis de maïs ; cuire 5 minutes puis égoutter. ❺ Huiler les maïs et les déposer sur la grille du barbecue quelques minutes, le temps de les rôtir un peu ; retirer, égrener et réserver. ❻ Réduire la température, et sur la grille recouverte d'un papier d'aluminium, déposer les filets de poisson ; cuire environ 10 à 12 minutes ou jusqu'à ce que la chair se défasse en flocons. ❼ Pendant la cuisson, peler les poivrons et les tailler en dés ; réserver. ❽ Dans un bol, mettre les grains de maïs, les poivrons réservés et l'oignon. ❾ Ajouter la coriandre, le jus de lime puis saler et poivrer ; mélanger. ❿ Servir le poisson accompagné de la salsa.

LE MAÏS Si vous avez la chance d'avoir une parcelle de terrain un peu plus grande, n'hésitez pas à faire la culture d'un maïs sucré biologique, une expérience visuelle et gustative. Prévoir un maximum de soleil, de chaleur, un sol meuble, une très bonne fertilisation et de l'eau en quantité suffisante. Le maïs blanchi se congèle très bien ou se met en bocaux et devient très utile pour confectionner les salades, soupes, salsas, beignets, etc. (Savoureuse, filtrer l'eau de blanchiment et la conserver pour les soupes crèmes de maïs.)

RISOTTO CRÉMEUX À LA COURGE POIVRÉE, AUX CREVETTES PIQUANTES ET AUX FLEURS DE CAPUCINE

INGRÉDIENTS

1   courge poivrée d'environ 450 g (1 lb)

5   gousses d'ail confites*

30   ml (2 c. à soupe) de margarine

30   ml (2 c. à soupe) d'huile d'olive

2   oignons, hachés fin

Sel et poivre

125   ml (½ tasse) de vin blanc sec

500   ml (2 tasses) de riz arborio

1   pincée de safran

5   ml (1 c. à thé) d'épices « berbère éthiopien »

1   L (4 tasses) de bouillon de poulet ou de légumes chaud

GARNITURE

16   crevettes, décortiquées (conserver la queue), crues

30   ml (2 c. à soupe) d'huile d'olive

45   ml (3 c. à soupe) de gingembre frais, haché finement

15   ml (1 c. à soupe) d'épices « berbère éthiopien »

Quelques fleurs de capucine, nettoyées et asséchées

PRÉPARATION

1 Dans un bol, mélanger les crevettes, l'huile, le gingembre et les épices ; réserver au réfrigérateur. **2** Couper la courge en deux, la peler, l'épépiner. **3** Couper une moitié en morceaux et la cuire dans une casserole d'eau bouillante salée ; égoutter. **4** Ajouter l'ail et la margarine ; réduire en purée et réserver. **5** Couper l'autre moitié en dés et, dans une grande casserole, les faire revenir dans 15 ml (1 c. à soupe) d'huile jusqu'à ce qu'ils soient tendres. **6** Retirer et réserver. **7** Dans la même casserole, ajouter le reste d'huile et faire revenir les oignons jusqu'à ce qu'ils deviennent translucides ; saler et poivrer. **8** Incorporer le vin blanc et laisser mijoter jusqu'à l'absorption complète du liquide. **9** Ajouter le riz, le safran, les épices ; bien mélanger pour enrober. **10** Ajouter 250 ml (1 tasse) de bouillon chaud à la fois jusqu'à l'absorption du liquide. **11** Répéter jusqu'à l'utilisation complète du bouillon. **12** Pendant ce temps, griller les crevettes environ 2 minutes de chaque côté. **13** Une fois tout le bouillon épuisé, incorporer la purée de courge et bien mélanger. **14** Rectifier les assaisonnements. **15** Au moment de servir, déposer du risotto au centre de l'assiette, ajouter quelques dés de courge que vous aurez préalablement réchauffés et des crevettes grillées. **16** Décorer de fleurs de capucine comestibles.

Sur un papier d'aluminium, mettre un bulbe d'ail auquel on a tout juste retiré le dessus. Verser un peu d'huile et fermer la papillote. Cuire au four à 180 °C (350 °F), environ 45 minutes. (Se conserve dans un bocal au réfrigérateur quelques jours.)

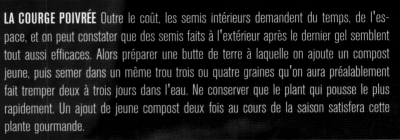

LA COURGE POIVRÉE Outre le coût, les semis intérieurs demandent du temps, de l'espace, et on peut constater que des semis faits à l'extérieur après le dernier gel semblent tout aussi efficaces. Alors préparer une butte de terre à laquelle on ajoute un compost jeune, puis semer dans un même trou trois ou quatre graines qu'on aura préalablement fait tremper deux à trois jours dans l'eau. Ne conserver que le plant qui pousse le plus rapidement. Un ajout de jeune compost deux fois au cours de la saison satisfera cette plante gourmande.

LE PISSENLIT Il pousse partout, et ce, dans toutes les conditions. Si, plutôt que de le voir comme un ennemi, nous nous en faisions un précieux ami ?! Chaque plante dans la nature joue un rôle important. Le pissenlit pourrait en jouer plusieurs ! Nourriture, plante médicinale, engrais... Pouvant fournir des câpres de bourgeons de fleurs, des feuilles pour la salade ou le pesto, ou en soupe ou en farce, il est utile de la racine à la fleur ! Assurez-vous toutefois de le cueillir seulement en zone certifiée biologique, sans engrais ni pesticides.

* PESTO DE PISSENLIT

Rendement : environ 125 ml (½ tasse)

30	ml (2 c. à soupe) de noix de Grenoble
24	feuilles de pissenlit* environ
7,5	ml (½ c. à soupe) de levure alimentaire non active** ou fromage parmesan, au goût
60	ml (¼ tasse) d'huile végétale
2	gousses d'ail

Sel d'ail

Poivre

Le jus de ¼ citron

PRÉPARATION

1 Mettre tous les ingrédients dans le robot culinaire et réduire jusqu'à l'obtention d'une texture homogène. 2 Ajouter un peu d'huile au besoin.

__Attention :__ Plus les feuilles seront cueillies peti- tes, moins elles seront amères.

**Il ne faut pas confondre la levure à pain et la levure alimentaire non active. Cette dernière ajoute un goût fromagé à vos plats alors, que la première aide à faire lever un pain.*

SALADE DE HARICOTS MÉLANGÉS, DE MAÏS ET DE FEUILLES DE PISSENLIT

PRÉPARATION

Préchauffer le barbecue à moyen-élevé. ❶ Badigeonner le saumon de pesto ; déposer sur la grille du barbecue recouverte d'un papier d'aluminium et cuire environ 12 à 15 minutes. ❷ Pendant la cuisson, mettre tous les autres ingrédients dans un bol.

VINAIGRETTE Dans un bol, mélanger les ingrédients de la vinaigrette. Rectifier les assaisonnements.

MONTAGE Verser de la vinaigrette sur la salade ; mélanger. Dans des assiettes de service, déposer la salade au centre et ajouter du saumon effeuillé sur le dessus. Servir.

INGRÉDIENTS

2   filets de saumon

45   ml (3 c. à soupe) de pesto de pissenlit*

1   conserve de 540 ml (19 oz) de haricots mélangés, rincés et égouttés

1   conserve de 341 ml (12 oz) de maïs en grains, rincés et égouttés

1   poignée de feuilles de pissenlit, hachées

1   oignon rouge, en dés, ou 1 oignon vert, ciselé

VINAIGRETTE

60   ml (¼ tasse) d'huile d'olive

Le jus de 1 citron

Sel et poivre

LE CHOU FRISÉ (KALE) C'est un nouveau venu dans nos jardins. Source intéressante de calcium, il est précieux pour le mode d'alimentation sans produits laitiers. De culture assez facile, il préfère le plein soleil à la mi-ombre, mais peut se plaire autant dans le jardin que dans une plate-bande, un pot ou une balconnière. Récolter le surplus de feuilles à l'automne, les blanchir avant de les mettre en portions pratiques au congélateur pour enfin l'ajouter à vos frappés, soupes ou mijotés pendant la saison froide.

SOUPE DE POISSON ET BALUCHONS DE CHOU FRISÉ [KALE]

Préparation : 15 minutes
Cuisson : 10 minutes
Portions : 3

PRÉPARATION

1 À la vapeur, blanchir les feuilles quelques secondes, le temps de les ramollir ; égoutter. **2** Mélanger le riz, les herbes salées et poivrer. **3** Faire des baluchons à l'aide des feuilles de chou, de bette à carde et d'épinard, farcir de préparation de riz et nouer avec une ciboulette. **4** Dans une casserole, porter le bouillon à ébullition. **5** Ajouter les tiges des bettes à carde ciselées, la carotte, les baluchons et le poisson. **6** Couvrir, cuire 2 minutes et laisser reposer quelques minutes. **7** Répartir dans les bols à soupe, garnir d'oignon vert, de vinaigre de riz et, si désiré, de sauce de piment fort.

Retirer la tige à partir du bord de la feuille de façon à conserver une grande feuille non découpée pour fabriquer le baluchon.

« Cette recette est un coup de cœur, je l'adore ! Lorsque je vois de belles feuilles de bette à carde, de chou frisé (kale) ou d'épinard dans le jardin, c'est l'image de cette soupe qui me vient en tête. Très santé, c'est une soupe-repas à faire et à refaire. »
— Sylvie

INGRÉDIENTS

4 grandes feuilles de chou frisé (kale), la tige retirée*

4 grandes feuilles de bette à carde + la tige retirée*, ciselée

4 grandes feuilles d'épinard, la tige retirée*

250 ml (1 tasse) de riz cuit

15 ml (1 c. à soupe) d'herbes salées (voir page 155)

Poivre

12 brins de ciboulette (pour ficeler)

1 L (4 tasses) de bouillon de poulet ou de légumes

1 carotte, en julienne

340 g (¾ lb) de morue, en gros cubes

GARNITURE

2 oignons verts, ciselés

20 ml (4 c. à thé) de vinaigre de riz

Sauce de piment fort (facultatif)

TACOS DE POISSON

INGRÉDIENTS

PÂTE À TACOS

250 ml (1 tasse) de farine de maïs*

60 ml (¼ tasse) de fécule de maïs

1 ml (¼ c. à thé) de sel

175 ml (¾ tasse) d'eau environ

GARNITURE

1 œuf, battu

175 ml (¾ tasse) de chapelure

3 filets de poisson à chair blanche
(ex.: sole, morue, aiglefin)

12 feuilles de laitue

375 ml (1 ½ tasse) de sauce tzatziki
(voir page 57)

12 radis, taillés en fins bâtonnets

PRÉPARATION

PÂTE À TACOS ❶ Dans un bol, mélanger la farine, la fécule et le sel . ❷ Faire un puits au centre et verser l'eau ; bien mélanger. ❸ Pétrir environ deux minutes. (La pâte ne doit être ni trop sèche ni trop collante. Ajuster par un ajout de farine ou d'eau au besoin.) ❹ Faire un boudin de pâte et le séparer en huit. ❺ Étendre chaque boule entre deux feuilles de papier parchemin, le plus mince possible. ❻ Dégager délicatement la pâte du papier parchemin et la cuire dans une poêle bien chaude et sans aucun corps gras, environ 50 secondes de chaque côté. ❼ Réserver les tacos cuits sous un linge propre le temps de les cuire tous.

MONTAGE Préchauffer le four à 215 °C (425 °F). Dans un bol, mettre l'œuf, dans un autre, la chapelure. Assécher les filets de poisson à l'aide d'un essuie-tout. Tremper les filets de poisson dans l'œuf puis les rouler dans la chapelure ; déposer sur une plaque de cuisson recouverte d'un papier parchemin. Cuire au four environ 10 minutes ou jusqu'à ce que la chair se défasse en flocons ; réserver. Dans le four chaud mais éteint, sur la grille du centre, placer les galettes de maïs à cheval sur les tiges du grillage de façon à leur donner la forme des tacos vendus en épicerie, et laisser sécher environ 3 minutes. Utiliser immédiatement. Garnir les tacos d'une feuille de laitue, d'environ 15 ml (1 c. à soupe) de sauce tzatziki, de morceaux de poisson pané et de radis.

Ne pas confondre avec la fécule de maïs.

LE RADIS Le radis se sème très tôt au printemps ou en automne, car il préfère les températures fraîches. Un ajout de compost dans le sol au départ sera bénéfique. Un arrosage régulier permettra au radis d'être moins piquant au goût. Comme il germe rapidement, le planter entre les semis de laitue, de carotte ou de panais qui eux, au contraire, prennent beaucoup de temps. Le rang sera ainsi utilisé au maximum de son potentiel et libérera un espace pour d'autres cultures.

TRUITE EN PAPILLOTE ET BEURRE AUX HERBES

INGRÉDIENTS

2   carottes, émincées + les fanes

1   panais, émincé

3   ou 4 tranches de courgette, émincées

2   ou 3 gousses d'ail, en morceaux

Quelques branches de thym et de persil, hachées

Quelques tiges de ciboulette, hachées

Sel et poivre

125 ml (½ tasse) de bouillon de légumes

1   truite d'environ 450 g (1 lb)

½   oignon rouge, tranché

½   citron, tranché

Tomates cerises (facultatif)

Beurre aux herbes*

PRÉPARATION

Préchauffer le barbecue à élevé. **1** Sur une double feuille de papier d'aluminium, déposer les carottes et ses fanes, le panais, les courgettes, l'ail, les branches de thym et de persil, la ciboulette puis saler et poivrer. **2** Ajouter le bouillon de légumes ; réserver. **3** Laver le poisson puis l'assécher à l'aide d'un essuie-tout. **4** Saler et poivrer l'intérieur. **5** Farcir avec l'oignon, le citron, quelques herbes et du beurre aux herbes ; déposer sur le nid de légumes et ajouter les tomates cerises si désiré. **6** Recouvrir de papier d'aluminium et sceller la papillote. **7** Déposer sur la grille du barbecue. **8** Fermer le couvercle et réduire la température à minimum puis cuire environ dix minutes. **9** Vérifier la cuisson et la continuer si nécessaire. La chair du poisson se détache facilement. **10** Servir le poisson et les légumes avec du beurre aux herbes.

*BEURRE AUX HERBES

Rendement : 125 ml (½ tasse)

60   ml (¼ tasse) de beurre ou de margarine

30   ml (2 c. à soupe) de persil

45   ml (3 c. à soupe) de ciboulette

Poivre

PRÉPARATION

Mélanger tous les ingrédients dans un bol.

LA CIBOULETTE Elle se glisse dans les plats comme l'oignon ou l'ail et les rehaussent à tout coup. Cette vivace au jardin est un incontournable. Elle se consomme de la racine à la fleur en passant par le bourgeon. Profiter de la ciboulette fraîche du printemps car elle est alors à son meilleur. Séparer les plants de ciboulette tous les trois ans. La ciboulette repousse les insectes.

TENTATIONS GOURMANDES

BAGATELLE AUX CERISES

INGRÉDIENTS

GÂTEAU

175 ml (¾ tasse) de farine

60 ml (¼ tasse) de fécule de maïs

1 ml (¼ c. à thé) de sel

6 œufs séparés, à la température de la pièce

250 ml (1 tasse) de sucre

15 ml (1 c. à soupe) de jus de citron

5 ml (1 c. à thé) de zeste de citron

15 ml (1 c. à soupe) d'eau froide

GARTITURE AUX CERISES

500 ml (2 tasses) de cerises dénoyautées, avec leur jus

150 ml (⅔ tasse) de sucre

22,5 ml (1 ½ c. à soupe) de fécule de maïs

BLANC-MANGER

75 ml (⅓ tasse) de sucre

75 ml (⅓ tasse) de fécule de maïs

1 pincée de sel

500 ml (2 tasses) de lait

2,5 ml (½ c. à thé) de vanille

PRÉPARATION

GÂTEAU Préchauffer le four à 160 °C (325 °F). **1** Dans un bol, mélanger la farine, la fécule et le sel et réserver. **2** Dans un autre bol, battre les jaunes d'œufs jusqu'à l'obtention d'une consistance épaisse et pâle. **3** Ajouter graduellement le sucre en battant bien après chaque addition. **4** Ajouter le jus, le zeste de citron et l'eau ; mélanger. **5** Incorporer les ingrédients secs ; mélanger. **6** Dans un autre bol, monter les blancs d'œufs en neige ferme et les incorporer au mélange en pliant délicatement. **7** Étendre dans un moule à cheminée de 23 cm (9 po), non graissé. **8** Cuire au four sur la grille du centre 50 à 55 minutes. (Le gâteau est cuit lorsqu'une brochette de bois insérée au centre en ressort totalement propre.) **9** Renverser et refroidir complètement dans le moule. **10** Passer un petit couteau le long de la paroi et autour de la cheminée et secouer à l'envers ; laisser refroidir. **11** Couper le gâteau en cubes ; réserver.

GARNITURE AUX CERISES **1** Réserver 22,5 ml (1 ½ c. à soupe) de jus de cerise froid. **2** Dans une casserole, porter à ébullition les cerises et le sucre. **3** Réduire le feu et laisser mijoter 20 minutes. **4** Dans un petit bol, mélanger la fécule et le jus de cerise réservé. **5** Verser dans la préparation chaude et brasser constamment jusqu'à épaississement ; laisser tiédir.

BLANC-MANGER **1** Dans une casserole, mélanger le sucre, la fécule et le sel. **2** Ajouter le lait ; mélanger. **3** Cuire sur un feu moyen et brasser jusqu'à épaississement. **4** Retirer du feu puis ajouter la vanille ; refroidir.

MONTAGE Dans des verrines, alterner les cubes de gâteau avec la garniture aux cerises et le blanc-manger.

LA CERISE Au départ, lui choisir un endroit protégé du vent, car ses délicates branches peuvent casser facilement pendant de grands vents et surtout ne pas le recouvrir d'une neige entassée. Le garder toujours tuteuré. Avec ses 2 mètres de haut sur 1,5 mètre de large, ce petit cerisier fournit une production constante.

« Mon cerisier "carmine jewel" est un des plus beaux spécimens dans la cour. De la floraison à la cueillette, il est d'une beauté exceptionnelle ! La floraison est superbe. Chaque jour apporte une teinte différente aux petits fruits. Pourtant situé au soleil de l'après-midi et du soir seulement, il produit énormément de délicieuses cerises à cuisiner. Ce cerisier n'atteint pas plus de deux mètres de haut et de large. »
— Sylvie

« Ma belle-mère Noëlla avait planté deux pommiers dans sa belle grande cour; l'un produisait des pommes à compote qui ne demandait aucun sucre et l'autre des pommes à tartes. N'est-ce pas une avenue intéressante ? » se souvient Sylvie.

LA POMME Si vous pensez planter un pommier sur votre terrain, renseignez-vous auprès d'un(e) conseiller(ère) en horticulture qui saura vous conseiller un arbre résistant aux maladies, le bon endroit où le planter et qui produira une pomme qui satisfera vos goûts et vos besoins culinaires.

BEIGNETS DE POMME

Préparation : 15 minutes

Cuisson : 8 à 10 minutes

Portions : 8

PRÉPARATION

Préchauffer l'huile dans la friteuse à 180 °C (350 °F). **1** Dans un bol, mélanger les ingrédients secs. **2** Ajouter le lait, l'œuf et battre jusqu'à homogénéité. **3** Laisser reposer la pâte quelques minutes. (Si la préparation est trop épaisse, l'éclaircir avec un peu de lait.) **4** Tremper une à la fois les rondelles de pomme dans la pâte et les plonger dans l'huile chaude. **5** Cuire environ 2 minutes de chaque côté. **6** Égoutter sur un papier absorbant.

GLAÇAGE **1** Dans un bol, mélanger le sucre à glacer et le jus de pomme. **2** Napper les beignets du glaçage et les saupoudrer d'épices. Servir chauds.

INGRÉDIENTS

175 ml (¾ tasse) de farine

60 ml (¼ tasse) de fécule de tapioca

15 ml (1 c. à soupe) de sucre

5 ml (1 c. à thé) de poudre à pâte

2,5 ml (½ c. à thé) de sel

Mélange de 4 épices, au goût

75 ml (⅓ tasse) de lait

1 œuf

2 grosses pommes Cortland, épépinées, pelées, coupées en rondelles de 2,5 cm (1 po)

GLAÇAGE

45 ml (3 c. à soupe) de sucre à glacer

Un peu de jus de pomme ou d'eau

Mélange 4 épices, au goût

LE BLEUET Certains cultivars de bleuets existent sur le marché, mais rien à voir avec le petit bleuet sauvage que nous retrouvons un peu partout en bleuetière ou en forêt. Il n'empêche qu'il s'agit d'un plant d'une grande beauté quand ses perles virent du blanc au bleu. Un sol bien amendé en compost et en tourbe devrait lui donner un bon départ. Mais, surtout, tâcher d'acidifier son sol au fil du temps, car c'est celui qui le ravit.

« Nous avons choisi la recette traditionnelle, celle que je mangeais avec tant de bonheur étant enfant, en espérant que vous y trouverez autant de plaisir à votre tour. »

— Manon

CIPÂTE AUX BLEUETS

Préparation : 20 minutes
Cuisson : 45 à 50 minutes
Portions : 12

PRÉPARATION

Préchauffer le four à 190 °C (375 °F). **1** Dans un bol, mélanger la farine et le sel. **2** À l'aide d'un coupe-pâte, y défaire la graisse végétale en petits morceaux. **3** Ajouter de l'eau glacée jusqu'à l'obtention d'une pâte ni trop sèche ni trop collante. **4** Sur un plan de travail enfariné, abaisser le tiers de la pâte à une épaisseur de 5 mm (¼ po). **5** Couper en morceaux de 2,5 cm (1 po) et laisser ainsi sur le plan de travail. **6** Dans une casserole, porter à ébullition les bleuets, le sucre et l'eau. Rectifier le sucre, si nécessaire. **7** Incorporer les morceaux de pâte dans le liquide bouillonnant tout en brassant. **8** Réduire le feu et laisser mijoter 5 minutes. **9** Pendant la cuisson, abaisser les deux autres tiers de pâte, un à la fois. **10** Déposer la première dans le fond d'un plat de 25 cm (10 po) de diamètre allant au four. **11** Verser la préparation chaude de bleuets et couvrir de l'autre abaisse ; sceller la pâte et couper l'excédent. **12** Cuire au four environ 40 minutes.

Il s'agit de l'unique recette de ce livre où on ne peut pas utiliser un substitut de farine sans gluten.

INGRÉDIENTS

750 ml (3 tasses) de farine tout usage*

4 ml (¾ c. à thé) de sel

250 ml (1 tasse) de graisse végétale

Eau glacée, en quantité suffisante

1 L (4 tasses) de bleuets

250 ml (1 tasse) de sucre, ou plus au goût

500 ml (2 tasses) d'eau

CRÈME GLACÉE AU THÉ VERT MATCHA, À LA MENTHE ET AU CHOCOLAT

INGRÉDIENTS

- 560 ml (2 ¼ tasses) de boisson de coco
- 15 ml (1 c. à soupe) de thé matcha
- 125 ml (½ tasse) de sucre
- 1 grosse poignée de feuilles de menthe, ciselées
- 2,5 ml (½ c. à thé) de vinaigre de cidre de pomme
- 2,5 ml (½ c. à thé) de gomme de xanthane
- 100 g (3,5 oz) de chocolat, coupé grossièrement

PRÉPARATION

1 Porter la boisson de coco à ébullition. **2** Retirer du feu et ajouter le thé matcha, le sucre et les feuilles de menthe. **3** Laisser infuser environ 15 minutes. **4** Filtrer ; réfrigérer environ 2 heures. **5** Dans le robot, mettre la préparation froide et le vinaigre ; mélanger à vitesse maximale en incorporant graduellement la gomme de xanthane. **6** Mélanger environ 2 minutes puis verser le liquide dans la sorbetière. **7** Une fois la texture désirée, incorporer le chocolat concassé à la cuillère de bois. Servir aussitôt.

LA MENTHE Cette plante est vivace et envahissante. Bien choisir son emplacement, ensoleillé ou mi-ombre, et prévenir son étalement par des bordures de plastique enfoncées profondément dans le sol.

Préparation : 30 minutes

Cuisson : 45 minutes

Portions : 6

CRÊPES FLAMBÉES
AUX CERISES DE TERRE

INGRÉDIENTS

CERISES DE TERRE DANS LE SIROP

1	L (4 tasses) de cerises de terre + quelques-unes pour la décoration
250	ml (1 tasse) d'eau
250	ml (1 tasse) de sucre

CRÊPES

375	ml (1 ½ tasse) de farine
10	ml (2 c. à thé) de poudre à pâte
2,5	ml (½ c. à thé) de sel
4	œufs
375	ml (1 ½ tasse) de lait
15	ml (1 c. à soupe) de vanille
30	ml (2 c. à soupe) d'huile d'olive
150	ml (⅔ tasse) d'Amaretto

PRÉPARATION

CERISES DE TERRE DANS LE SIROP 1 Retirer l'enveloppe des cerises de terre. **2** Dans une casserole, porter à ébullition l'eau et le sucre ; laisser mijoter 2 minutes. **3** Plonger les cerises dans le sirop et laisser mijoter 20 à 25 minutes.

CRÊPES 1 Dans un bol, mélanger la farine, la poudre à pâte et le sel. **2** Dans un autre bol, mélanger les œufs, le lait et la vanille. **3** Incorporer les ingrédients liquides aux ingrédients secs et brasser jusqu'à homogénéité. Laisser reposer la pâte à crêpes environ 10 minutes à la température de la pièce. **4** Dans une poêle chaude légèrement huilée, verser une cuillérée de pâte de façon à obtenir des crêpes minces. **5** Retirer et couvrir puis réserver au chaud.

MONTAGE À l'aide d'une cuillère trouée, égoutter les cerises et farcir chaque crêpe. Plier ensuite en quatre et remettre dans la poêle. Ajouter les cerises de terre réservées, verser la liqueur sur les crêpes puis faire flamber. Lorsque la flamme est éteinte, servir immédiatement.

LA CERISE DE TERRE Notre expérience nous amène à dire qu'il est préférable de transplanter le semis plutôt dans une plate-bande qu'au jardin car un certain espace est requis. La culture en pot est aussi possible. Un apport de fertilisant pendant la saison est nécessaire. La cueillette se fait au jour le jour lorsque le petit fruit tombe sur le sol. La cerise de terre se congèle très bien.

CROUSTADE À LA RHUBARBE

Préparation : 15 minutes

Cuisson : 45 minutes

Portions : 10

PRÉPARATION

Préchauffer le four à 180 °C (350 °F). **1** Dans une casserole, à feu moyen, porter à ébullition la rhubarbe, la cassonade et les graines de vanille. **2** Réduire le feu et laisser mijoter environ 8 minutes à feu doux. (La rhubarbe doit être encore croquante au moment où vous la retirerez du feu.) **3** En fin de cuisson, mélanger la fécule de maïs dans un peu d'eau, ajouter dans la casserole et brasser jusqu'à épaississement. **4** Étendre dans un plat de cuisson. **5** Dans un bol, mélanger tous les autres ingrédients jusqu'à l'obtention d'un mélange grumeleux. **6** Répartir sur la préparation de rhubarbe. **7** Cuire au four environ 35 minutes, sur la grille du centre.

INGRÉDIENTS

10 à 12 bâtons de rhubarbe, pelés ou non et coupés en dés de 2 cm (¾ po)

250 ml (1 tasse) de cassonade

Quelques graines de gousses de vanille (facultatif)

30 ml (2 c. à soupe) de fécule de maïs

Un peu d'eau

325 ml (1 ⅓ tasse) de farine

750 ml (3 tasses) de flocons d'avoine

150 ml (⅔ tasse) de cassonade

75 ml (⅓ tasse) de poudre d'amandes

150 ml (⅔ tasse) de margarine

LE THYM Plante aromatique vivace très appréciée en cuisine, le thym fait aussi partie du bouquet garni ; trois branches de persil, deux branches de thym, une feuille de laurier, quelques brins de ciboulette et on ficelle le tout. Conserver dans un sac à congélation au congélateur et utiliser au besoin. Rapide et efficace pour ajouter aux bouillons, soupes et mijotés.

GRANITÉ CITRON-THYM

Préparation : 5 minutes

Cuisson : 8 à 10 minutes

Portions : 6

PRÉPARATION

1 Dans une casserole, porter à ébullition tous les ingrédients ; laisser mijoter environ 8 à 10 minutes. **2** Filtrer puis mélanger avec un mélangeur à main ; verser dans un plat et congeler. **3** Au moment de servir, gratter avec une fourchette et servir immédiatement.

INGRÉDIENTS

125 ml (½ tasse) de sucre

Le zeste de 1 citron

Le jus de 2 citrons

250 ml (1 tasse) d'eau

3   branches de thym

MOUSSE AUX QUATRE FRUITS

INGRÉDIENTS

125 ml (½ tasse) de sucre

45 ml (3 c. à soupe) d'eau

4   blancs d'œufs, à la température
    ambiante

250 ml (1 tasse) de fruits écrasés
    à la fourchette (fraises, framboises,
    bleuets et mûres)

PRÉPARATION

1 Dans une casserole, porter à ébullition le sucre et l'eau. **2** Au premier bouillon, commencer à fouetter les blancs en neige dans un bol. **3** Au moment où le sirop fait des fils, le verser en filet sur les blancs d'œufs (ils doivent être en neige ferme). **4** Ajouter trois quarts des fruits écrasés et continuer de battre 1 minute. **5** Au moment de servir, incorporer en pliant le reste des fruits écrasés.

LA MÛRE Elle demande beaucoup d'espace et du soleil. Comme les framboisiers, de jeunes plants se forment à partir des racines qui courent dans le sol, ce qui peut devenir gênant pour d'autres plantations à proximité. Éviter de les planter trop près du jardin.

PETITS GÂTEAUX ET CRÈME À LA LAVANDE

INGRÉDIENTS

175 ml (¾ tasse) de farine

60 ml (¼ tasse) de fécule de maïs

10 ml (2 c. à thé) de poudre à pâte

15 ml (1 c. à soupe) de poudre de cacao

1 ml (¼ c. à thé) de sel

60 ml (¼ tasse) de chocolat fondu

125 ml (½ tasse) de lait

2,5 ml (½ c. à thé) de vanille

75 ml (⅓ tasse) de margarine

150 ml (⅔ tasse) de sucre

2 œufs séparés

CRÈME À LA LAVANDE

125 ml (½ tasse) de margarine

22,5 ml (1 ½ c. à soupe) de blancs d'œufs

750 ml (3 tasses) de sucre à glacer tamisé

Lavande séchée*, au goût

Colorant alimentaire mauve (facultatif)

PRÉPARATION

Préchauffer le four à 180 °C (350 °F). **1** Dans un bol, mélanger les ingrédients secs. **2** Dans un autre bol, mélanger le chocolat fondu, le lait et la vanille ; réserver. **3** Dans un troisième bol, battre la margarine, le sucre, les jaunes d'œufs jusqu'à l'obtention d'une consistance légère et jaune pâle. **4** Incorporer en alternance les ingrédients secs et les ingrédients liquides ; mélanger jusqu'à homogénéité. **5** Monter les blancs d'œufs en neige ; les incorporer à la préparation en pliant. **6** Diviser la pâte dans 12 coupelles à muffins. Cuire au four environ 20 minutes. Laisser refroidir avant d'appliquer le glaçage.

CRÈME À LA LAVANDE **1** Dans un bol, défaire la margarine en crème. Ajouter les blancs d'œufs ; mélanger. **2** Ajouter graduellement le sucre à glacer et battre jusqu'à l'obtention d'un glaçage léger. **3** Parfumer de lavande et ajouter le colorant alimentaire, si désiré.

Réduire en poudre les fleurs séchées de lavande dans un moulin à café.

LA LAVANDE Plante aux multiples utilisations et bienfaits, la lavande ajoute une belle valeur à tout jardin. En plus d'attirer le regard et de satisfaire l'odorat, elle attirera aussi certains insectes pollinisateurs à votre plus grand avantage. Parfois annuelle selon la zone occupée, elle peut demander que vous fassiez des semis chaque année. La lavande est facile à faire sécher dans un endroit sombre et aéré. La conserver ensuite dans un bocal de verre.

« La culture du poirier est plus facile à certains endroits au Québec. Une tentative a été faite chez moi (en zone 3), mais les températures n'étant pas toujours idéales, la récolte s'en trouve affectée. Il n'empêche que je récolte, bon an, mal an, quelques précieuses et jolies poires. »
— Sylvie

TARTE À LA POIRE

Préparation : 15 minutes
Cuisson : 15 minutes
Portions : 4

PRÉPARATION

Préchauffer le four à 180 °C (350 °F). ❶ Dans un bol, tamiser et mélanger la farine de riz, la fécule de tapioca, la farine de gourgane, 45 ml (3 c. à soupe) de sucre, la poudre à pâte, la gomme de xanthane, le sel, la cannelle, le clou de girofle et la muscade. ❷ Dans un autre bol, battre l'œuf, la margarine et la vanille. ❸ Incorporer les ingrédients liquides aux ingrédients secs ; mélanger. Laisser reposer la pâte au réfrigérateur 30 minutes. ❹ Entre deux feuilles de papier parchemin, étendre la pâte à 5 mm (¼ po) d'épaisseur. ❺ Enlever une feuille. Étendre les poires sur la pâte, saupoudrer du reste de sucre et de noix de muscade fraîchement râpée. ❻ Déposer sur une plaque et cuire au four environ 20 minutes. ❼ Faire dorer sous le gril si nécessaire. Servir avec la sauce caramel.

SAUCE CARAMEL
Rendement : 150 ml (⅔ tasse)

45 ml (3 c. à soupe) de margarine

125 ml (½ tasse) de cassonade

15 ml (1 c. à soupe) de fécule de maïs

125 ml (½ tasse) de lait

2,5 ml (½ c. à thé) d'essence de vanille

PRÉPARATION

❶ Dans une casserole, porter à ébullition la margarine et la cassonade et brasser jusqu'à ce que le sucre fonde. ❷ Mélanger la fécule et le lait ; ajouter dans la casserole et brasser sans arrêt jusqu'à épaississement. ❸ Retirer du feu et ajouter la vanille. Utiliser immédiatement sur la tarte à la poire.

INGRÉDIENTS

125 ml (½ tasse) de farine de riz blanc

60 ml (¼ tasse) de fécule de tapioca

30 ml (2 c. à soupe) de farine de gourgane

75 ml (5 c. à soupe) de sucre

2,5 ml (½ c. à thé) de poudre à pâte

1 ml (¼ c. à thé) de gomme de xanthane

1 pincée de sel

5 ml (1 c. à thé) de cannelle

1 pincée de clou de girofle moulu

Noix de muscade râpée

1 œuf

45 ml (3 c. à soupe) de margarine

5 ml (1 c. à thé) de vanille

3 poires, pelées, épépinées et tranchées

PAUSE ESTIVALE

[COLLATIONS]

FRIANDISES GLACÉES À LA CITROUILLE

INGRÉDIENTS

375 ml (1 ½ tasse) de yogourt à la vanille

250 ml (1 tasse) de purée de citrouille*

Muscade râpée, au goût

GARNITURE

60 ml (¼ tasse) de flocons d'avoine

12 noix de pacane, hachées grossièrement

PRÉPARATION

1 Dans un bol, mélanger délicatement le yogourt et la purée. **2** Ajouter de la muscade au goût. **3** Répartir dans des moules à friandises glacées. **4** Dans un autre bol, mélanger les flocons d'avoine et les pacanes. **5** Saupoudrer le dessus de chaque friandise et appuyer légèrement pour enfoncer un peu dans la préparation de yogourt. Réfrigérer 2 heures.

Pour réduire la citrouille en purée, retirer la peau, les pépins et couper la chair en dés. Déposer dans une casserole avec un fond d'eau. Cuire jusqu'à ce que les morceaux de citrouille se défassent à la fourchette. Conserver dans des sacs hermétiques au congélateur pour ajouter dans les galettes, les muffins ou même les boulettes de hamburgers végétariens.

LA CITROUILLE Les enfants auront un plaisir fou à voir grandir la citrouille qu'ils décoreront à l'Halloween. Attention toutefois car, comme toutes les autres courges, un seul plant de citrouille peut vite devenir encombrant. Il faudra lui fournir environ deux fertilisations pendant la saison et l'alimenter en eau régulièrement.

JUS DE LÉGUMES

INGRÉDIENTS

2,25 L (1,125 kg) de tomates mûries à point,
en quartiers

15   ml (1 c. à soupe) de gros sel

1   petit oignon, en dés

¼   de poivron vert, en dés

½   carotte, en dés

125 ml (½ tasse) de céleri, en dés
+ les feuilles

PRÉPARATION

1 Dans une grande casserole, mélanger les tomates et le sel. **2** Porter à ébullition en brassant constamment. **3** Ajouter les autres légumes, couvrir et laisser mijoter 20 minutes. **4** Filtrer tout en pressant les légumes puis remettre le jus dans la casserole et laisser mijoter à couvert 5 minutes de plus. (Conserver la pulpe des légumes, la broyer et la réserver dans un contenant hermétique au congélateur. Vous pourrez l'utiliser dans une sauce à spaghetti, par exemple.) Utiliser dans la semaine ou mettre en conserve. À chaque bocal de 500 ml (2 tasses), il faudra ajouter 15 ml (1 c. a soupe) de jus de citron afin de conserver la couleur.

Selon le rendement en eau de la tomate.

Vous avez eu un peu trop le pouce vert ? Pas de problème ! La conservation au congélateur des tomates est rapide et efficace. Faire une incision au couteau dans la tomate, la plonger dans l'eau bouillante quelques minutes jusqu'à ce que la peau se retire facilement, la plonger ensuite dans l'eau froide puis enlever la peau. La tailler ou la laisser entière, la mettre dans des sacs à congélation et congeler. Utiliser dans des potages et sauces.

... UN COCKTAIL AVEC ÇA ? Décorer l'ouverture d'un verre d'épices à Bloody Caesar. Ajouter au jus de légume 1 ½ oz (45 ml) de vodka, des glaçons, une branche de céleri et du Tabasco, au goût. Bonne dégustation !

LA TOMATE SAN MARZANO Cette variété de tomates est ancienne. On la distingue par sa couleur rouge intense et sa chair ferme. Elle se mange aussi bien fraîche que cuisinée. Des semis au mois de mars permettent d'obtenir de beaux fruits à maturité à la fin de l'été, toujours selon les températures et la région, bien entendu.

« S'il y a une collation express qui revient souvent à la maison, c'est bien celle-ci. En utilisant le céleri du jardin, qui a un goût plus prononcé que celui du marché, on obtient une tartinade plus relevée et savoureuse. À essayer ! »
— Manon

LE CÉLERI Dès l'apparition de l'hiver, conserver les pieds de céleri (bio de préférence) de l'épicerie. Les déposer sur une assiette remplie d'eau que vous mettrez près d'une fenêtre au soleil. (Attention ! Il faut changer l'eau régulièrement pour éviter la pourriture.) Tranquillement, le centre de celui-ci repoussera. Les enfants seront éblouis par la force de la nature ! Aussitôt la terre réchauffée, les planter en plein soleil dans le jardin. Ainsi, vous aurez des branches de céleri fraîches et croquantes qui seront beaucoup plus savoureuses que celles du commerce, et ce, tout au long de la saison. Attention, le céleri préfère les températures fraîches, il se pourrait donc que dans certaines régions vous n'obteniez pas le même résultat.

TARTINADE DE THON, CÉLERI ET CIBOULETTE

Préparation : 5 minutes
Cuisson : aucune
Portions : 4 à 6

PRÉPARATION

1 Dans le robot, mélanger tous les ingrédients jusqu'à l'obtention d'une texture homogène.

2 Servir sur des croustilles de maïs à teneur réduite en sel, des tranches de pomme verte ou de concombre, ou même des bâtons de céleri.

INGRÉDIENTS

1   branche de céleri

5   ou 6 brins de ciboulette

1   échalote, émincée finement

1   conserve de 170 g (6 oz) de thon blanc émietté

45 ml (3 c. à soupe) de mayonnaise

Sel et poivre

NOTRE VARIANTE DANS UN MOULE :
Prendre un moule de 20 cm (8 po), recouvrir le fond d'un papier parchemin puis graisser tout le moule. Mélanger la cassonade, la margarine fondue et 2,5 ml (½ c. à thé) de fécule puis étendre dans le fond. Répéter les autres étapes de la recette. Enfourner et cuire environ 20 minutes. Servir chaud.

MIEL À LA CAMOMILLE

Rendement : environ 500 ml (2 tasses)

45 g (1 ¾ tasse) de fleurs de camomille fraîches, rincées et égouttées

Eau, en quantité suffisante

Sucre, en quantité suffisante

Le jus de ⅓ de citron

PRÉPARATION

1 Couvrir les fleurs d'eau. Porter à ébullition puis laisser mijoter à feu doux 30 minutes, à découvert. Filtrer et mesurer la quantité de liquide avant de la remettre dans la casserole. Reporter à ébullition. Éteindre le feu et ajouter 2 fois et demie la quantité de sucre. Incorporer le jus de citron. Bien mélanger jusqu'à ce que le sucre soit dissout. (Se conserve au réfrigérateur.)

BRIOCHES AUX NOIX CARAMÉLISÉES ET TISANE À LA CAMOMILLE

Préparation : 20 minutes
Cuisson : 20 minutes
Portions : 4

INGRÉDIENTS

BRIOCHES AUX NOIX CARAMÉLISÉES

60	ml (¼ tasse)	de cassonade
30	ml (2 c. à soupe)	de noix de Grenoble, hachées
30	ml (2 c. à soupe)	de margarine fondue
2,5	ml (½ c. à thé)	de fécule de tapioca + 90 ml (6 c. à soupe)
125	ml (½ tasse)	de sucre
2,5	ml (½ c. à thé)	de cannelle
30	ml (2 c. à soupe)	de margarine fondue + 60 ml (¼ tasse) non fondue
220	ml (⅞ tasse)	de farine de riz blanc
75	ml (⅓ tasse)	de farine de gourgane
10	ml (2 c. à thé)	de poudre à pâte
5	ml (1 c. à thé)	de gomme de xanthane
1	ml (¼ c. à thé)	de sel
1		œuf
60	ml (¼ tasse)	de lait

Graines de citrouille (facultatif)

TISANE

1	L (4 tasses)	d'eau bouillante
60	ml (¼ tasse)	de camomille séchée

PRÉPARATION

Préchauffer le four à 190 °C (375 °F). **1** Graisser un moule à muffins à 6 alvéoles. **2** Dans un bol, mélanger la cassonade, les noix de Grenoble, la margarine fondue et 2,5 ml (½ c. à thé) de fécule de tapioca. **3** Répartir dans le fond des alvéoles. **4** Dans un autre bol, mélanger 60 ml (¼ tasse) de sucre, la cannelle et la margarine fondue ; réserver. **5** Dans un troisième bol, tamiser et mélanger la farine de riz, la farine de gourgane, 90 ml (6 c. à soupe) de fécule de tapioca, le reste de sucre, la poudre à pâte, la gomme de xanthane et le sel. **6** Dans un autre bol, mélanger l'œuf, le lait et la margarine non fondue. **7** Ajouter les ingrédients liquides aux ingrédients secs ; mélanger. **8** Entre deux feuilles de papier parchemin, étendre la pâte en rectangle de 1 cm (½ po) d'épaisseur. **9** Retirer la feuille de papier du dessus et étendre le sucre réservé. **10** Parsemer de graines de citrouille. **11** Rouler la pâte sur la longueur en vous aidant du papier parchemin du dessous. **12** Tailler le rouleau en six parties égales et les déposer dans les alvéoles. **13** Enfourner et cuire environ 20 minutes. **14** Servir chaud. Arroser de miel, si désiré.

TISANE Laisser infuser 10 minutes l'équivalent de 15 ml (1 c. à soupe) de camomille séchée dans une tasse d'eau chaude puis consommer.

RAFRAÎCHISSEMENTS

COCKTAIL DEUX EN UN

INGRÉDIENTS

1,25 L (5 tasses) de sucre

1   L (4 tasses) d'eau

1   L (4 tasses) de rhubarbe lavée, coupée
     en morceaux

1,5 L (6 tasses) de fraises, coupées en 4

1   gousse de vanille, fendue en 2
     (ne pas retirer les graines)

PRÉPARATION

① La veille, dans une grande casserole, porter à ébullition le sucre et l'eau. ② Ajouter la rhubarbe, les fraises et la vanille ; porter de nouveau à ébullition. ③ Éteindre le feu, couvrir et retirer du feu. Laisser reposer toute la nuit puis filtrer. (Utiliser la rhubarbe et les fraises dans des muffins, en garniture sur un gâteau, sur de rôties, etc.)

À utiliser dans des cocktails, comme sirop dans un punch avec rhum, eau pétillante et glaçons. Ou encore, ce sirop réduit de moitié sur un feu moyen garnit bien un bol de crème glacée, un gâteau ou peut servir de marinade pour du poulet ou du porc.

VERSION SUCRE RÉDUIT Remplacer des 1,25 L (5 tasses) de sucre par 250 ml (1 tasse) de sucre et 4 sachets de 0,5 g d'extrait de stevia. Procéder de la même façon pour la préparation. Servir aussitôt.

TRUC RÉCUPÉRATION ET SAVEUR Dans un petit bocal, verser du rhum jusqu'aux deux tiers. Mettre une gousse de vanille entière fendue en deux et toute autre gousse de vanille débarrassée de ses graines que vous aurez utilisée et laisser macérer au fil des mois. (À utiliser dans la fabrication de jus de rhubarbe au printemps. Donne un excellent goût à ce sirop.)

Mettre dans le robot environ 250 ml (1 tasse) de sirop, y ajouter des glaçons et broyer. Verser dans deux verres et voilà une barbotine (ou : un granité) rafraîchissante et santé pour les tout-petits.

LA MÉLISSE Au jardin, la mélisse pousse aussi bien que la menthe et, comme elle, peut rapidement devenir envahissante. Prévoyez la contenir avec l'aide d'une bordure de jardin ou réservez-lui un coin bien à elle dans une plate-bande au soleil ou à la mi-ombre où elle ne nuira pas à d'autres plantes. Son goût citronné ajoutera de la saveur à vos sautés asiatiques ou vous plaira en tisane.

LIMONADE À LA MÉLISSE

Préparation : 5 minutes

Cuisson : aucune

Portions : 4

PRÉPARATION

1 Dans un pot, mélanger tous les ingrédients, sauf les glaçons. 2 Rectifier le sucre si nécessaire. 3 Laisser macérer quelques minutes. 4 Au moment de servir, ajouter des glaçons.

INGRÉDIENTS

1 citron, en quartiers

1 lime, en quartiers

4 à 5 branches de mélisse

Extrait de stevia ou sucre, au goût

750 ml (3 tasses) d'eau froide

Glaçons

LE SUREAU L'arbre aux maintes utilités ! Nid pour les oiseaux nicheurs, il attire les insectes butineurs, nourrit une variété d'oiseaux, certaines personnes concocteront un vin ou un champagne avec ses fleurs, d'autres cuisineront une gelée de baies de sureau ou un sirop qui réduira les effets de la grippe ou adoucira la gorge irritée. Un purin de sureau peut même servir au jardin à la fois comme insecticide, fongicide et engrais enrichi en azote. N'hésitez pas à lui faire une place dans votre cour ! On trouve sur le marché des variétés moins envahissantes, telle la variété « sambucus racemosa sutherland gold », différente et super jolie. Assurez-vous que les baies d'un arbre soient comestibles avant de les cueillir. Par exemple, les baies de ce sureau sont comestibles seulement cuites.

SIROP DE SUREAU ET...
CHAMPAGNE

Préparation : 15 minutes

Cuisson : 30 minutes

Rendement : 750 ml (3 tasses) de sirop

PRÉPARATION

1 Dans une casserole, porter à ébullition le jus de sureau, le jus de pomme, le sucre et la vanille ; laisser mijoter 10 minutes. 2 Retirer la gousse de vanille et laisser refroidir.

MONTAGE Verser un filet de sirop dans chaque coupe ou flûte puis remplir de champagne. Déguster aussitôt. (Conserver le sirop dans un pot de verre au réfrigérateur.)

*Les baies de sureau se congèlent. Les déposer préalablement lavées, égouttées et asséchées sur une plaque et congeler. Mettre ensuite dans des sacs à congélation. Le moment venu, mettre dans une passoire sur un bol et laisser décongeler à la température de la pièce pour qu'elles s'égouttent. Presser les baies quelques fois pour en extraire le jus. Pour obtenir 315 ml (1 ¼ tasse) de jus de sureau, il vous faudra environ 2,25 L (9 tasses) de baies de sureau congelées.

INGRÉDIENTS

315 ml (1 ¼ tasse) de jus de sureau*

315 ml (1 ¼ tasse) de jus de pomme (fait de concentré, sans sucre ajouté)

625 ml (2 ½ tasses) de sucre

1 gousse de vanille non fendue de 4 cm (1 ½ po)

1 bouteille de champagne

THÉ GLACÉ

INGRÉDIENTS

3	sachets de thé vert ou noir
1	L (4 tasses) d'eau bouillante
2	pêches, en quartiers
1	poignée de feuilles de sauge
3	sachets de 0,5 g d'extrait de stevia

Glaçons

PRÉPARATION

1 Laisser infuser les sachets de thé dans l'eau bouillante selon que vous vouliez un thé plus ou moins fort. **2** Retirer les sachets et laisser refroidir complètement. **3** Verser dans un pichet, mettre les ingrédients et bien brasser. Rectifier les assaisonnements.

« Quoi de plus rafraîchissant
qu'un bon verre de thé glacé
à savourer durant les pauses
nécessaires par les trop chaudes journées printanières ?
Vous ne voudrez plus
reprendre le travail. »
— Sylvie

LA SAUGE Tels le romarin, le persil, la menthe, la coriandre et le basilic, la sauge est une herbe qui peut très bien vivre à l'intérieur pendant l'hiver. Prévoir une fenêtre bien ensoleillée pour le romarin et la sauge. Rien de plus savoureux que les fines herbes fraîches à portée de main pendant toute l'année.

BEURRES ASSAISONNÉS

À LA FLEUR D'AIL

Rendement : 125 ml (½ tasse)

125	ml (½ tasse) de beurre ou de margarine
5	ml (1 c. à thé) de sel d'ail
30	ml (2 c. à soupe) de fleur d'ail, hachée
Poivre blanc	

SAUGE ET ROMARIN

Rendement : 150 ml (⅔ tasse)

150	ml (⅔ tasse) de beurre ou de margarine
3	gousses d'ail, hachées finement
15	ml (1 c. à soupe) de sauge, hachée
15	ml (1 c. à soupe) de romarin, haché
1	ml (¼ c. à thé) de sel d'ail
1	pincée de poivre blanc

PRÉPARATION
[pour les trois beurres]

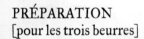

Mélanger tous les ingrédients dans un bol.

TOMATES SÉCHÉES ET HERBES

Préparez-en une bonne quantité que vous roulerez dans une pellicule plastique pour en faire un long boudin à conserver au congélateur. Il suffira d'en tailler des morceaux au besoin.

Rendement : environ 250 ml (1 tasse)

150 ml (⅔ tasse) de beurre ou de margarine*

60 ml (4 c. à soupe) de tomates séchées** dans l'huile, bien égouttées et hachées

1 à 2 branches de thym, hachées

1 pincée de poivre de Cayenne

15 ml (1 c. à soupe) de persil, haché

15 ml (1 c. à soupe) de ciboulette, hachée

15 ml (1 c. à soupe) de basilic, haché

Sel d'ail

*Si vous utilisez une margarine végétale, utilisez celles de consistance ferme comme la Earth Balance.

**Pour faire des tomates séchées dans l'huile, il suffit de les couper en deux et de les épépiner. Badigeonner d'huile les deux côtés, étendre sur une plaque de cuisson recouverte d'un papier parchemin et ajouter des herbes au choix (thym, ciboulette, basilic) et des gousses d'ail. Cuire au four préchauffé à 100 °C (200 °F), sur la grille du centre, 3 à 4 heures selon la taille des tomates. Mettre ensuite dans un bocal et couvrir d'huile végétale. (Se conserve au réfrigérateur.)

VINAIGRETTES, HUILES OU MARINADES

CÂPRES DE PISSENLIT

Rendement : 250 ml (1 tasse)

125 ml (½ tasse) de bourgeons de pissenlit, rincés et égouttés
1 pincée de sel
Graines de moutarde (facultatif)
60 ml (¼ tasse) de vinaigre de vin blanc
60 ml (¼ tasse) d'eau

PRÉPARATION

Blanchir les bourgeons de pissenlit 1 minute dans l'eau bouillante. Les égoutter et les plonger dans un bol d'eau glacée. Mettre dans un bocal préalablement stérilisé. Ajouter le sel et les graines de moutarde. Porter à ébullition le vinaigre et l'eau puis verser sur les bourgeons. (Conserver au réfrigérateur et utiliser seulement après deux à trois semaines.)

Servir sur du saumon fumé avec des tranches d'oignon rouge et des quartiers de citron.

Attention : il est important de cueillir vos bourgeons avant l'éclosion de la fleur.

HUILE AU PIMENT FORT

Rendement : 125 ml (½ tasse)

125 ml (½ tasse) d'huile d'olive
3 à 4 piments forts, séchés

PRÉPARATION

Dans un contenant hermétique, mettre l'huile et les piments forts. Laisser macérer quelques jours.

Déguster sur une pizza, par exemple, ou en faire la base d'une vinaigrette ou d'une marinade.

HUILE DE BOURGEONS DE CIBOULETTE

Rendement : 250 ml (1 tasse)

75   ml (⅓ tasse) de bourgeons de ciboulette
150   ml (⅔ tasse) d'huile de canola
2,5   ml (½ c. à thé) de gros sel

PRÉPARATION

Blanchir les bourgeons de ciboulette 1 minute dans l'eau bouillante. Les égoutter et les plonger dans un bol d'eau glacée. Mettre dans un bocal préalablement stérilisé, couvrir d'huile et ajouter le sel. Servir sur le potage de liliacées (voir page 60), sur une purée de pommes de terre, sur un poisson avant la cuisson au four, etc.

VINAIGRETTE À L'ÉRABLE

Rendement : 150 ml (⅔ tasse)

60   ml (¼ tasse) d'huile de canola
60   ml (¼ tasse) de sirop d'érable
1   gousse d'ail, broyée
15   ml (1 c. à soupe) de vinaigre de cidre de pomme
15   ml (1 c. à soupe) de graines de lin doré
Quelques pépites d'érable
Sel et poivre blanc

PRÉPARATION

Mélanger tous les ingrédients dans un bocal. Laisser macérer quelques heures au réfrigérateur. Bien brasser au moment de servir.

Délicieuse marinade pour le porc et le poulet ou en vinaigrette pour rehausser un couscous de fruits séchés.

VINAIGRETTE À L'ESTRAGON

Rendement : 175 ml (¾ tasse)

60   ml (¼ tasse) d'huile
75   ml (⅓ tasse) de jus de pamplemousse
5   ml (1 c. à thé) de jus d'orange concentré, surgelé et décongelé
5   ml (1 c. à thé) de miel
30   ml (2 c. à soupe) d'estragon
1   brin de ciboulette, ciselée
1   ml (¼ c. à thé) de vinaigre balsamique
Sel et poivre blanc

PRÉPARATION

Mélanger tous les ingrédients dans un bocal. Laisser macérer quelques minutes avant l'utilisation.

Idéal pour mariner les fruits de mer ou en vinaigrette sur une salade d'agrumes.

Pour continuer à déguster nos produits cultivés, il n'y a rien de tel que de les mettre en conserve. Voici quelques-unes de nos favorites.

CONSERVES

BETTERAVES MARINÉES

Rendement : 1 bocal de 750 ml (3 tasses)

6	betteraves rouges moyennes environ, entières et avec la peau
15	ml (1 c. à soupe) de gros sel
310	ml (1 ¼ tasse) de vinaigre blanc
150	ml (⅔ tasse) de sucre
3	clous de girofle
½	bâton de cannelle
2	grains de poivre noir

PRÉPARATION

Dans une grande casserole, porter à ébullition les betteraves couvertes d'eau et les cuire jusqu'à ce qu'elles soient tendres. Conserver 75 ml (⅓ tasse) de jus de cuisson filtré ; réserver. Égoutter les betteraves et les plonger dans l'eau froide. Retirer la peau, tailler en morceaux ou en tranches et mettre dans un bocal préalablement stérilisé. Ajouter le sel. Porter à ébullition le jus de cuisson des betteraves réservé, le vinaigre, le sucre, les épices et le poivre. Mijoter à couvert 7 à 8 minutes. Retirer les épices et verser sur les betteraves . (Se conserve quelques mois au réfrigérateur.)

CITRONS CONFITS

Rendement : 2 bocaux de 500 ml (2 tasses)

4 citrons bio, lavés	150 ml (⅔ tasse) d'huile végétale
Gros sel en quantité suffisante	2 branches de romarin
325 ml (1 ⅓ tasse) de vinaigre	Grains de poivre noir

PRÉPARATION

À l'aide d'un couteau, couper partiellement les citrons en quatre sur la longueur en prenant soin de ne pas séparer les morceaux. Écarter et remplir généreusement les cavités de gros sel. Mettre dans un bocal préalablement stérilisé. Répéter ces étapes pour les 3 autres citrons. Répartir le vinaigre et l'huile végétale. Dans un bocal, mettre des branches de romarin et de poivre noir et, si désiré, laisser l'autre tel quel. (Retourner les bocaux régulièrement et utiliser l'écorce du citron rincée après quelques semaines de macération.)

JALAPEÑOS

Rendement : 1 bocal de 500 ml (2 tasses)

225 g (½ lb) de piments jalapeños	30 ml (2 c. à soupe) de gros sel
400 ml (1 ⅔ tasse) d'eau + 125 ml (½ tasse)	125 ml (½ tasse) de vinaigre blanc
	5 ml (1 c. à thé) de sucre

PRÉPARATION

À l'aide d'un couteau, faire quatre entailles verticales sur les piments (cela facilitera la macération). Dans un bol, mélanger 400 ml (1 ⅔ tasse) d'eau et le sel. Y plonger les piments et laisser macérer 12 heures sur le comptoir. Égoutter et répartir dans un bocal préalablement stérilisé. Dans une casserole, porter à ébullition le reste de l'eau restante, le vinaigre et le sucre ; laisser bouillir 2 minutes et verser sur les piments. (Se conserve quelques mois au réfrigérateur.)

HERBES SALÉES

FLEUR D'AIL

Rendement : 2 bocaux de 500 ml (2 tasses)

2	feuilles de chou frisé (kale), hachées finement	½	botte de persil, hachée finement
250	ml (1 tasse) de feuilles d'épinard, hachées finement	3	jeunes branches de céleri-rave avec les feuilles, hachées finement
1	feuille de bette à carde, hachée finement	2	branches de thym, hachées finement
3	carottes + les feuilles, hachées finement	30	ml (2 c. à soupe) de cerfeuil, haché finement
1	fleur d'ail, hachée finement	30	ml (2 c. à soupe) de sarriette, hachée finement
1	petit poireau, haché finement	175	ml (¾ tasse) de gros sel
3	oignons verts, hachés finement		
250	ml (1 tasse) de ciboulette, hachée finement		

PRÉPARATION

Mettre tous les légumes* et les herbes dans un grand bol. Ajouter le sel et bien mélanger. Laisser reposer 30 à 45 minutes sur le plan de travail. Remplir des bocaux préalablement stérilisés. (Se conserve plusieurs mois au réfrigérateur.)

Au total, vous devriez avoir l'équivalent d'environ 1,25 L (5 tasses) de légumes hachés.

Rendement : 1 bocal de 500 ml (2 tasses)

4	tiges de fleurs d'ail*

Jus de ½ citron

Huile de canola en quantité suffisante

PRÉPARATION

Mettre les tiges dans un bocal, ajouter le jus de citron et couvrir d'huile. Réfrigérer**. (Utiliser la fleur d'ail et l'huile dans la semaine pour fabriquer des vinaigrettes, ajouter à des pâtes, des pestos ou pour la cuisson.)

Pour une plus longue conservation, hacher les fleurs d'ail au robot. Mettre dans un bocal préalablement stérilisé, couvrir généreusement d'huile et ajouter quelques cuillérées à thé de jus de citron concentré.

***Il est **très important** de garder la conserve de fleurs d'ail au réfrigérateur pour éviter l'éclosion de la bactérie qui cause le botulisme.*

> Trop pressés ? N'hésitez pas à tout mettre au robot puis hacher finement.

TABLE DES MATIÈRES

Remerciements

En photographiant chaque plat au jardin, nous avons connu le vent, la pluie, le froid et, bien sûr, la canicule. Ensuite, nous avons côtoyé les abeilles, les chardonnerets jaunes, les papillons et les moustiques… À l'occasion, un pic-bois venait nous charmer ou un gros minet venait s'installer en arrière-plan d'un cliché en provoquant nos fous rires. Nous avons rigolé, parfois insulté Miss Météo, mais nous sommes restées solidaires et allumées par ce projet qui nous tenait tant à cœur et que nous portions en nous depuis déjà longtemps. Merci aux Éditions Broquet, partenaire et complice de nos folles aventures culinaires et photographiques. À nos hommes, fidèles supporteurs pendant la galère, à nos tout-petits, Maëlly et Victor, nos humbles testeurs, à Clémentine, maman de Sylvie et grand-maman de Manon, pour ses précieux services rendus. Ces soupers partagés tous ensemble sur la terrasse après notre journée de travail, où chacun commentait les plats cuisinés, ont marqué l'été 2015 de multiples souvenirs gourmands qui resteront à jamais gravés dans nos cœurs.